KODIKO

Know yourself, love yourself.

KODIKO 02

啟動天賦靈數——藍寧仕醫師的生命密碼全書 I

作者：藍寧仕 （Dimitrios Lenis）

責任編輯：艾青荷

特約編輯：王筱玲

封面設計：許慈力

內文排版：Sunline Design

出版者：大塊文化出版股份有限公司

105022台北市松山區南京東路四段25號11樓

www.locuspublishing.com

讀者服務專線：0800-006689

TEL：(02)87123898 FAX：(02)87123897

郵撥帳號：18955675 戶名：大塊文化出版股份有限公司

法律顧問：董安丹律師、顧慕堯律師

總經銷：大和書報圖書股份有限公司

地址：新北市新莊區五工五路2號

TEL：(02) 89902588 FAX：(02) 22901658

初版一刷：2003年12月

二版一刷：2022年8月

本書為《21世紀新生命密碼》新版

ISBN：978-626-7118-67-2

定價：新台幣380元

Printed in Taiwan.

啟動天賦靈數

藍寧仕醫師的生命密碼全書 I

FIND YOURSELF
THROUGH
NUMBERS

DR.
DIMITRIOS
LENIS
藍寧仕 醫師——著

關於 KODIKO

生命是一場複雜而奧妙的過程。人類自有歷史以來就在追問：「我是誰？我生下來有什麼用處？生命的意義何在？我如何把生活過得更好？」

古代的希臘人對此認真追索，展現了人類追尋知識與哲學的最大努力。

希臘人相信，儘管人類的健康程度受到許多物質因素的影響，卻也需要考慮許多形而上的奧祕力量；生命，是由人的作為、環境和命運共同組成，每一個人的生命都含有一組獨特的密碼。遵循自己的密碼來過生活的人，將可獲得健康、幸福與成就。若想得知自己的密碼，就要跟隨太陽神阿波羅的教導，努力「認識自己」。

KODIKO 在希臘文裡是「密碼」的意思，因此我選它來當作我作品的系列名稱。這個

KODIKO系列將會融合我幾十年來的行醫心得，把我在傳統醫學、另類治療、心靈與精神現象、烹飪、音樂和藝術方面領略到的「認識自己」的道理，整理成幾本著作。

讀了KODIKO系列的書，各位將可以了解到是哪些因素在身體裡起作用，又是哪些我們看不到的、在我們身體外的神祕力量對我們發生影響。有了這些認識，我們可以更清楚而深刻地認識自己，並明白為什麼有些事會發生在自己身上。

這些認識，將會幫助我們活得更健康，活出自己的生命價值。

目錄

關於 KODIKO 4
新版序 10
初版序 13
前言 18
從阿波羅開始的追求／阿波羅的建議／用對的方法建立自信

基本理論

❶ 數字裡的命運與機會 35
從生日數字說起／用數字發現自己的天分／如何運用天分／算出生命數字／繪製數字命盤／更完備的命盤圖表／如何解讀命盤／黃金三數解讀法／其他數字／關於數字的重要程度／西元二〇〇〇年之後

❷ 數字的特質與潛力 65

1 個性特質／人生課題／人生目標／溝通之道／天賦才能／生涯發展／健康之道／命數1的天賦靈數組合類型／1數的連線

2 個性特質／人生課題／人生目標／溝通之道／天賦才能／生涯發展／健康之道／命數2的天賦靈數組合類型／2數的連線

3 個性特質／人生課題／人生目標／溝通之道／天賦才能／生涯發展／健康之道／命數3的天賦靈數組合類型／3數的連線

4 個性特質／人生課題／人生目標／溝通之道／天賦才能／生涯發展／健康之道／命數4的天賦靈數組合類型／4數的連線

5 個性特質／人生課題／人生目標／溝通之道／天賦才能／生涯發展／健康之道／命數5的天賦靈數組合類型／5數的連線

6 個性特質／人生課題／人生目標／溝通之道／天賦才能／生涯發展／健康之道／命數6的天賦靈數組合類型／6數的連線

7 個性特質／人生課題／人生目標／溝通之道／天賦才能／生涯發展／健康之道／命數7的天賦靈數組合類型／7數的連線

8個性特質／人生課題／人生目標／溝通之道／天賦才能／生涯發展／健康之道／命數8的天賦靈數組合類型／8數的連線

9個性特質／人生課題／人生目標／溝通之道／天賦才能／生涯發展／健康之道／命數9的天賦靈數組合類型／9數的連線

應用與解讀

3 童年是自信的開端 157

找出全部的天賦／接受孩子本來的樣子／九種命數的孩子

4 九種數字的愛情觀 181

尋找靈魂伴侶的四個層面／最完美的伴侶／性與愛／在愛情裡認識自己／九種數字如何談戀愛／數字與數字的相處課題

5 相容、衝突與解決之道 215
黃金三數化解衝突／引進新的數字影響力／擷取數字的能量

6 解讀命盤與幸運數字 239
製作大數圖／大數圖範例解說

7 人生的周期循環 249
流年循環的計算／流月循環的計算／流日循環的計算／最精準的算法／祕密循環周期／挑選彩券的數字／買彩券的最佳時機／循環周期的挑戰／循環周期的意義

結語——懂得生命密碼之後 269
畢達哥拉斯的學習人生／畢達哥拉斯留給後世的影響／失傳的思維／真正的快樂與健康／最後……

新版序

我第一次聽到「天賦靈數」，是在一九九〇年代初的舊金山。有天跟俄國友人閒聊的時候，她先是問我要不要玩個遊戲，接著問了我的生日。幾分鐘後，她便精準描述出我的性格特質，甚至能解譯我既往的所作所為。

那天之後，我就迷上了天賦靈數。不光是鑽研所有能找到的資料，還把這套方法運用在身邊的親友上。久而久之，我的解譯不僅愈來愈準確，甚至發展出新的應用，進而寫成專書出版。

不過，這麼多年來，有件事我始終掛在心上：天賦靈數的準確性尚未經過科學的驗證。也因此，有人視之為算命，有人說是迷信，或偽科學。

不在意科學與否的人，覺得這套方法就是好玩罷了，或是像我一樣，把它當作理解自我或他人的方法之一。對重視科學證據的人而言，例如我的許多醫界朋友，或是那些具有宗教信仰、拒斥任何迷信行為的人，天賦靈數可就大有問題，不僅不該使用或提倡，有些朋友甚至勸誡我不該攪和，以免聲譽受損。

我完全理解這些人的考量。說實話，當初朋友說要解讀我的天賦靈數，我也有同樣的疑慮。然而，就像我說過的，我之所以投身其中，是因為它確實準確，所以我暫且把科學檢視之類的先擱在一邊，期待未來某一天，人們有能力驗證。

我也曾自問：假如不用生日、電話號碼、身分證字號或姓名拼音字母等等來計算，這套方法還有用嗎？二十五年來，我終於有了答案：是的，天賦靈數確實可用，只要我們把它視為用來解譯形貌及能量頻率的意義的語言。

這個說法之所以成立——至少就畢達哥拉斯所言，是因為天賦靈數最初正是用以解釋形狀或頻率的本質。舉例來說，人們設計建築的時候，會根據數字學理論來計算形狀跟角度，數學奠基於數字學，也因此我們稱畢達哥拉斯為數學之父。

畢達哥拉斯並沒有藉由生日或姓名來卜算人的性格，他只是把數字學作為數學研究的一環，用以理解數字的特質——聽起來有點不著邊際？這麼說吧，可以想想為什麼音樂會激發我們的各種情緒？說到底，音樂不過就是音頻罷了，就是數學。

於是，我開始思索，如果可以把萬事萬物都用數字1到9分門別類，那麼即使不用生日等等資料，也能得出生命密碼。這麼一來，光是看著一個人，從他的身形、說話的方式、穿著打扮，就能領會他的性格、溝通模式、天分等種種特質。

鑽研的過程裡，我不僅更加深入理解數字學與相關的科學論述，也更了解它的本質。我把部分研究的心得寫在《來自身體的聲音》這本書裡，並開課教學。確實，若要更理解生命密碼這套語言，引入科學研究是必要的，但至少目前我們可以說，生命密碼並不是迷信或是偽科學。

打從開課以來，我常常碰到有人要我只看著他們就說出他們的天賦靈數。他們問我，要怎麼學會這種數字學。我說，就像學數學一樣，得先精通基礎，才有辦法活用。

我把天賦靈數有關的基礎都寫在《啟動天賦靈數I、II》這兩本書裡，希望讀者也能跟我一樣熱中投入，因為這門學問的奇妙絕對超乎想像。學會了天賦靈數，便獲得了更加理解並善用生命的新工具。

藍寧仕

二〇二二年夏

初版序

剛開始研習數字學的時候，我學的是希臘版的數字學；遇到人就計算對方的命盤。累積了一些經驗後，我發現了其中的不足。希臘版的數字學確實有趣，但所指出的特性並不夠實用，往往也不準確，使得整套系統似乎帶著迷信的氛圍。我認為，這恐怕是因為大多數鑽研數字學有成，並有專作問世的作者或教師幾乎都沒有受過醫學、哲學或心理學的訓練。

於是我花了三年時間研究，深信可以用這套數字學來讓人肯定自我特質，建立自信，增進溝通技巧。我把傳統理論裡對於各數字的意義加以調整，加上新的運用，所得到的研究成果是我的第一本與數字學有關的著作《生命密碼》(Born to Learn)。書出版後沒多久，我發現很多人直接借用了我這套數字學，聲稱他們在這項課題上做了多年研究。我覺得好笑，因為這些人上過我的課，而他們所講的東西都是我書中的內容。更令人覺得遺憾的是，他們往往修改了內容，不再注重我原先希望用來激勵生命成長的本意，卻做了別的應用，並且把數字學裡不準確的內容朝著迷信的方向發展。很多人把一門原本既有趣又能用來發現自我的系統方式，變得像是一套算命手法。

讀者們應該注意一件事：在另類治療和新世紀靈修的世界裡，並無規範可言。誰都可以自稱大師，直率發言，隨便行動，不為自己的言行負責。因此，在閱讀並接受各種關於數字學的著作和說法之前，務必留意那位老師的背景，了解他還有什麼別的工作和表現。最重要的是，要仔細分辨他的說法能不能真正對生命品質有所提升。

我認為，類似數字學這樣的技巧，不應該被運用在像算命這樣的迷信用途上。我的意思是說，大家不應該因為數字學說和某數字的人相配，就找個那個數字的人談戀愛，應該是要根據人品特性，以及對對方的情意深度來判斷要不要交往；然而，數字學確實可以增進與對方的溝通技巧，進而改善彼此感情關係的品質。

請記得：「未來」不是不會改變的，只不過世上確實有若干力量可以決定哪些事情會在我們生命裡發生；只要我們知道了那些力量是什麼，我們的人生就能過得更好。在這個追求美好人生的過程裡，我們會歷經重重學習，最終我們將會發現，人生的目的無他，也許就只是「學習」。經由學習屬於我們自己的人生功課，我們才會領悟到人生的價值與意義，從而創造出健康充實的生命。

畢達哥拉斯認為，人應該學習著在每一個成長的層次上都追求完美。希望這本書能在這條永無止境的生命成長之路提供大家一點助力。本書可以幫助各位看見自己的獨特，幫助你不再因為認為自己不夠好而給自己過多壓力——何苦把自己逼成不像自己的模樣呢？本書希望先讓大家對自己有信心，然後鼓勵大家在自己的弱項上面追求進步，這個追求成長的過程將會啟發各位，讓大家用新的眼光看待自己的人際關係、感情關係，甚至重新理解自己的童年記憶。

假如有人懷疑數字怎麼可能會對人的生活產生那樣大的影響力，我的建議是，暫時不必計算自己的生命數字，先直接閱讀各個數字的特質，對照自己的個性特質，想一想哪些說法說準了自己的性格，哪些是自己所沒有的特質，並做下記號。注意閱讀有關數字與數字的衝突面的描述。最後也許會發現，把自己的特質描寫得最準確的段落，極可能就是我們的生命數字。我當初就是這樣從懷疑到相信。

回顧小時候剛剛進入學校受教育的日子，我們想辦法記住每個字的字形筆畫、文辭語句的正確說法和各個字詞的意義，學著閱讀與寫字。剛開始這些功課真的不簡單。幾年之後，我們就不再需要辛辛苦苦一個字、一個字學習，而可以閱讀整組的字詞和句子。我在數字學的研究也有類似的經驗。

自從出版了《生命密碼》一書以來，我走過幾個國家，「讀」了好多人的命盤，確實可說是閱人無數。我一邊解讀各種命盤，一邊學習調整我的解讀技巧——除了實質上的技巧進步之外，我發現在面對面解釋別人命盤的時候可以解釋得活潑而靈動，不像書上的文字那樣死板靜態。我只要瞥一眼別人的數字命盤，並不細數每一個數字有幾個圈圈或哪些數字形成了連線就能做出解釋。然而我的學生們認為，照著我書上所教的方式按圖索驥，並不容易做到解釋數字命盤。

於是我花了兩年時間觀察我自己的解盤方法，發現原來我並沒有把數字一個一個分開來解釋，而是把幾個數字放在一組來看；此外，假如只照我那本書上的說明，就不太能解釋那些命盤上沒有連線的人的特質，而「命盤上沒有連線」的這個特色，在西元二〇〇〇年以後出生的人身上會很常見。

我發現，原來我在腦子裡把所有數字的特性簡約成只看四、五個數字，有時甚至只看盤上三個數字的意義。我自己把這套方式運用得很嫻熟，問題是怎麼樣把方法教給別人呢？

數字命盤實在有太多排列組合的可能性了，除非我能夠在十年裡每天只做這一件事，那麼也許可以把這套解盤方法精準整理出來。於是我花了四年時間試著把課題化繁為簡，採用畢達哥拉斯的「黃金三角」理論為基礎，以此來解決問題。所得的研究結果，就是現在大家正在閱讀的這本書。

不過，我在本書所教的方法事實上還是比較簡略的版本，畢竟我希望先以入門的形式來解釋這套方法，但同時又能準確而有用。複雜的精算方式當然是比較準確的，尤其在遇到用「大數圖」來解讀個人特質、每個數字都畫了圈的複雜命盤的時候。有興趣的人可以繼續深入研究。

藍寧仕

二〇〇三年冬

前言

從阿波羅開始的追求

「要從工作中獲得快樂，否則你永遠不懂什麼叫快樂。」

——美國作家，哈伯德（Elbert Hubbard）

你快樂嗎？對生活滿意嗎？

你現在過的生活是你想要的生活嗎？

你在生活裡實踐著你的夢想嗎？

你知道自己的天賦何在，並且充分發揮了嗎？

如果你到了九十歲，回想自己的一生，會覺得已經盡力活過這一輩子了嗎？

如果對這些問題的答案都是「不」或「沒有」，那麼原因只有一個：缺乏自信。

有些人或許會認為這說法太過簡化，畢竟人生裡有太多原因讓我們無法做自己想做的事，諸如經濟因素、家庭因素、健康因素等各式各樣的限制。但是，不論我們面對了哪些限制，生命中大部分的快樂都來自於我們在日常生活裡每天所做的各種小小的選擇。我們活在社會裡，活在人群中，有無數來自社會或宗教等等的壓力會使我們調整自己的選擇。我們越是受到外在的控制，就越無法做自己心中真正想做的事和能做的事，對自己的信任就會越少，越發缺乏自信。

這是一種環環相扣的矛盾困境。

我們越是想辦法做好人，盡量為別人著想、肯付出、有同情心、無我無私，我們就變得很難獲得自己在人生裡想要得到的東西。那些自私、好鬥而又有手腕的人強取豪奪，卻往往成為社會的偶像，有名有利。

回顧歷史，我們發現，很少有人能真正做自己。在中國的先秦時期，崇尚道家思想的人一心追求與自然山林和諧共處；在其他國家也有類似的例子。在那段時期，儘管也有家庭和宗教的限制，但還是有人足夠強大，可以我行我素，得其所哉。

隨著人口增加，發展出都市生活，於是形成各種政治、治安、法律、有組織的宗教等體制壓力，要求人放棄自己，進入群體，犧牲小我，完成大我。在這種情形下，還能夠自由自在做自己想做的事的人，只有在上位掌權者可以任意殺人、娶妻納妾、吃想吃的、做想做的、率性而為，而一般人則活在貧窮和挫折中。

這種情形依然存在現今世界！

現代人所遇到的問題是：如何在不逾越社會規範的情況下過自己想過的生活，如何滿足自己的需求而不至於枉顧他人。這真是大哉問。生存於現今世界的人，必須守法並懂得關懷別人。今日許多宗教和哲學都教導我們如何做到與法律、他人、自身和諧共處，但這條路不容易走，需要不斷努力才能保持平衡，需要不斷反思自己是否付出太多，給自己的卻不夠。然而，為了達到平衡，首先要有足夠的勇氣、自信和力量去開創真正想要過的生活；需要反省自己為什麼一直以來都做不到，是什麼東西阻礙了我們；最後，就要採取行動克服眼前的一切障礙。

「大多數人是其他人。他們想別人的想法，過別人的生活，引用別人的熱情。」

——王爾德

根據現代心理學家的說法，不從事生命中想做的事的人，缺乏的是自尊和自信。美國前總統柯林頓甚至說，在美國，最大的心理問題正是缺乏自尊自信。

沒有自尊，就不容易獲得自己滿意的生命。我們做決定時，不是根據自己真正的想望，而是選擇去做會讓別人快樂的事，以犧牲自己來取悅別人。我們有雙重人格，一個是真正的我，一個是希望別人以為的我。我們害怕做自己，因為我們害怕別人不會接受真正的自己，怕自己不夠好，怕被遺棄、孤獨終老。

為什麼會缺乏自信？這要從小時候說起。多數人童年時都有被批評、管束、責罵和挨打的經驗。

長大以後，實在沒有多少人真正看出我們的天分、理想或心思。在學校裡我們被迫當「背多分」，不可以提出質疑，因此我們沒有學會思考，沒有學會領導，只學會服從。父母忙於處理自己的問題和不安，既沒時間也沒有方法幫我們建立自信。

自信，可以說是一種對自我的信念和仰賴。建立自信的主要方式之一，是找到自己的特色，肯定自己的成功，讓自己相信自己的能力。換句話說，要認清自己的天賦是什麼並加以運用。人會缺乏自信和自尊，真正原因是不認識自己，不知道自己究竟是誰，擅長什麼、需要什麼才能變得快樂。

阿波羅的建議

自古以來人們就不斷嘗試找出可以讓人得到快樂的方法。

古希臘時期，這一嘗試始於阿波羅。他是天神宙斯之子，強壯英俊，多才多藝，音樂、治療、預言、科學、戰爭方面無所不能。在希臘人所信仰的諸神當中，阿波羅居首位，因為他的才能為眾人所景仰，象徵著我們今天依然追求的事物。於是希臘、羅馬等等受到古希臘文化影響的地區，隨處可見到供奉阿波羅神的神廟。

奉祀阿波羅的主要神殿，位於希臘中部(現在也是)，一個名為戴爾菲(Delphi)的地方。此地獨一無二，因為人們相信這裡是世界的中心點，世界之臍，藏在大地女神蓋亞之處所有關於未來的祕密，都從此地逸出。

這個神殿成為古希臘最重要的地方，不僅是預言未來的中心，也是文化、科學、哲學的精華地，所宣揚的哲學對希臘產生重大影響，也成為早期哲學家的思想源頭，而這些哲學家的思想造就了今日的社會。

神殿最主要的教誨正是阿波羅的哲學思想：「了解自己」。這個簡單的概念是包括伊比鳩魯（Epicurus）在內的思想家最大的思考動力。想創造出自己想要的生活，唯一的方法就是知道自己想要什麼。

「了解自己」的這個原則，驅動著許多古代思想家。他們想知道世界何以運行，是什麼可見和不可見的因素影響著人類的生活。他們相信，透過哲學、科學和藝術，人可以更進一步了解自己，因而達到最終的目標——獲得真正的快樂。

這個源遠流長的信念非常有意義，到今日同樣重要。如果我們知道自己真正適合什麼、需要什麼，就可以只選取生命中對自己最好的部分。而且，這和自尊很有關係。如果不了解自己，不知道天生我才有何用，就很難產生自尊。

一旦知道了自己的特長和天賦，並加以發展，就會產生信心，相信別人會認可我們的這些特點並加以尊重。我們會選擇可以讓自己展現天賦的事業，每天上班都覺得開心！我們會選擇適合自己以及自己生活方式的朋友。我們不會害怕告訴別人真正的感受，不擔心他們會不想和自己做朋友。我們會相信自己永遠有辦法認識新朋友，活得快快樂樂。我們不會靠別人獲得快樂；我們只靠自己。

可惜，今日的教育制度和社會根本不是在幫助我們開發自信。因為，想要開發每一個人的自信，就必須有一套方法來發現天賦並加以歸類。但是，人類擁有的天賦無窮無盡，如果要列出人可以有多少種天賦，可以寫下多少？數理、科學、音樂、語言等等是天賦；當個生意人是天賦；當導遊、祕書、醫師、木匠等等，都是天賦。仔細想想，我們在找工作的時候，是根據考試成績之類的線索來判斷該找什麼工作，但考試只測出了記憶力，沒有測出天賦。譬如有人想當醫師，他得通過書面考試，但不需要做一項測試來看他有沒有治療的天賦。至今仍然沒有客觀方法可以把天賦歸類，來界定每一個個體的特殊之處、擅長之處。如果有人在有生之年找到了，多半是因為運氣好，不是因為他有心尋找。

世上許多鉅富都沒受過太多正規教育，這可不是巧合，事實上，這說不定是救了他們。因為如果他們待在學校，在商業方面的天賦可能永遠不會被開發出來。他們進入社會，認識到自己天生的求生能力，從而建立自信，獲得成功。人類的天賦範圍是很大的，但很遺憾的是，在正規教育系統中，受到認可的天賦很有限。

「我不願相信，賦予我們感性、理性和知性的上帝會要我們放棄利用這些天賦。」

——伽利略

試想，如果我們的天賦是從小就被開發培養，跟在學校的時候總是考第一名，或者被大家稱讚是全校最漂亮的人，這兩者會造成什麼不同？我們會為自己的天賦感到自豪，甚至別人會說我們驕傲。但我們不會在乎別人的眼光，因為我們不需要他們的認可，我們已經證明了自己的價值。如果還能得到家人的支持，那真是會信心滿滿。唯有「了解自己」，才能發展自尊，建立自信。當然，了解了自己之後就必須接受自己，「做自己」；我們必須「愛自己」，做該做的事，創造出可以發展潛能的生活。

用對的方法建立自信

「基本上，我不是爲了任何東西而工作，我只爲工作時的那種感受。」

——瑞士雕塑家，賈柯梅蒂（Albert Giacometti）

有些人認為，提高自信和改進生活的最重要步驟是從自己的弱點下手，或者培養領導才能——也就是大多數的個人成長班、書籍和教師說的那一套。現在市面上有各種「提升自己」的東西，但一般所教的內容有一件事在本質上是錯誤的。參加這些課程會讓我們感覺情緒高昂，讓我們相信自己可以做想做的事、自己決定要做的事；但一個星期之後，高昂的情緒消退，又回到原來的生活。如果課程果真如其所宣稱的有效，這種高昂情緒應該永不會消退才對！

事實上，只要方法正確、狀況正確，任何人都能夠做到讓自己的情緒飽滿，投入自己真心想做的事。但首先，我們必須知道應該把心思放在哪裡。我們需要有一個真正屬於自己的目標，充分運用自己的天賦。但那個目標不可以是賺錢，而必須是一種技能，一種經過了正確運用之後可以用來賺錢的技能。一旦發現了自己的天賦並善加利用，就建立起自己真正的需求和自信，於是對人生和新計畫都會感到興高采烈。這時，就會吸引機會和成功朝向我們而來，而不需要盲目追逐。

前面說過，建立自信的第一步是了解自己，特別是發現自己的天賦。想想看，我們大部分的時間都花在工作上，還有什麼會比花點時間做自己愛做的事更為重要？一旦發現自己的天賦，還有什麼比運用我們的天賦更能提高我們的生命品質和健康?生命中最令人快意的事，莫過於找到自己的天命，做天生該做的事。

了解自己，找到天賦所在——畢達哥拉斯留下來的方法，在今天跟在兩千多年前一樣有效。

快樂是什麼

兩千五百年前的希臘哲學家伊比鳩魯，對此主題思考再三，留下了幾個重要的線索。他說，歡愉是快樂的關鍵來源，但是達到真正快樂的基本條件有三。

快樂的第一要件是自由。有史以來，爭取自由一直是人類社會的主要鬥爭。如果無法支配自己的生命，被迫過不想要的生活，人是不可能得到快樂的。

相信自己永遠有自由選擇更好的生活方式，這樣的信念會產生巨大的力量和治療效果，讓我們不再活在挫折沮喪裡。有了這樣的信念，我們可以捱過最困苦的難關。針對終身監禁的囚犯所做的研究顯示，那些始終相信有一天可以逃離的人，他們的身體和心靈都會維持健康狀態，一直到老；相反的，感到痛苦絕望、無路可逃的犯人，很快就會出現生理與心理的問題。

有個年輕女子在生了一個小孩後與先生離婚，她變得很消沉，因為她覺得自己為了養小孩，此後就不可能變換工作，也沒有時間學其他東西了。此外，她怨嘆自己老是遇到不快樂的男人，跟她一樣覺得被人生困住了。後來她想，沒有別的辦法了，她一定要為自己的人生找到新的力量，並改變人生目標。她決定要固定花一點時間從事自己喜歡的事，按時運動，改善營養攝取。最重要的是，她不再想尋找新伴侶，不再像以前那樣期待新的感情關係會使她快樂。結果非常令她吃驚：才這樣做了一個星期，她的生活就改變了，她不但得到一個薪水加倍的新工作，她的藝術被專家肯定，有機會繼續發展，還遇到一個開朗快樂的年輕人要和她約會，而這個人和她以前所認識的男人都不一樣！

自由，不需要金錢就能做到；只需要有正面的態度，並且努力讓生活變成應有的樣子。即使現狀看似沒有出路，也要懷抱希望，追求改變，按部就班做該做的事，就會一步一步接近自由……。

快樂的第二要件是友誼。若能擁有好朋友，擁有一些你所信任和所愛的人，生命將會更快樂。人是群體的動物，需要與別人合作，一起滿足所有人的需求並創造安全的環境。友誼是一種情感連結，以此為基礎，可以締結充滿愛的家庭和強大的國家。

如何營造良性而健康的友誼呢？需要一顆開放的心，一份樂於付出的精神，有彈性、有耐心，不急於評價他人，先給予信任再談懷疑。有人求助，要全力幫忙，不計一己得失。真正的朋友待我們如同家人，像離散多年的手足。我們還必須發展溝通技巧，以免產生誤解。

想要交到好朋友，首先要知道如何當別人的好朋友。我們必須更有自信、更體貼、更不自私、不固執，當一個好的聽眾。我們必須喜歡自己的樣子。想要建立起健康的友誼，不需要花錢——事實上錢可能會帶來麻煩。如果我們有錢，我們永遠不會知道別人為什麼喜歡我們，不會知道萬一變得一貧如洗，他們還會找我們嗎？

快樂的第三個要件是經過分析的生活。若想過自己想要的生活，必須經常努力，不斷了解事情狀況如何，哪裡正在發生變化。需要經常與朋友聚首，談生活、計畫和夢想，這會讓我們保持清醒，掌握問題。這可以讓我們知道自己處在生命的哪個階段，對未來產生方向感。這會讓我們對眼前生活感到滿意，而對當下感到快樂。

許多人說，要到實現了目標的時候才會快樂，但這種想法只會讓他們一直處在不快樂裡面。因為這表示他們現在不快樂，在夢想實現之前都會一直不快樂。更糟的是，一旦夢想成真，這樣的人的快樂恐怕也不會維持太久。

閱讀心理學、哲學、宗教或像本書一樣的心靈成長類書籍，可以幫助我們對生命有更客觀的思考。花點時間和別人討論這類的題目也會有同樣的效果。越是花工夫去分析生命、反省自我，就越能夠領悟對珍惜自己目前所擁有的事物。俗話說：「失去了才知道曾擁有什麼。」所以，知道自己擁有什麼並加以珍惜、培養與享受，我們才會快樂。

這三個快樂要件，看似簡單且不花錢，但是需要下工夫，並且持之以恆。我們必須變成一個「文藝復興人」，廣泛學習各種事物，才能時時確知自己的生命進展；需要開發敏感度和直覺，而這兩者能幫助我們辨認身體的需求。

快樂並不是夢想實現的結果，卻是靈魂經過開發和栽培以後的收穫。快樂，來自於讓自己變成一個比以前更好、更棒的人，因此這應該是生命的唯一夢想。其他的追求都是短暫易逝而分散注意力的東西。這不表示生命中不應有其他夢想或目標，只是說我們需要對自己的目標採取稍微輕鬆自在一點的態度。

為了活得健康，我們當然需要設定目標；想要過得快樂，我們必須學習珍惜當下，在實現夢想的過程中獲得滿足。至於成不成功，看的是在朝向夢想的過程中活得如何，而不在於夢想是否實現。

基本理論

Numerology applications are endless. It can be used to identify communication styles, which have immediate applications to human resources, love relationships, and communicating with children. It can be used to judge compatibility between people and understand what people find attractive in each other; you can often understand why people become friends or even fall-in-love. It can even show tendencies of how people shop and in general spend money…with obvious applications to sales. The most important application is, of course, that it can help identify talents.

1

數字裡的命運與機會

「天賦決定性格，努力則決定天賦。」

——法國諺語

畢達哥拉斯最廣為人知的成就，是發明了大家在學校數學課中熟知的「畢氏定理」：直角三角形斜邊平方等於另兩邊的平方和（這個定理咸認是建構現代文明的基礎）。然而畢達哥拉斯可不是一位普通的數學家。那麼，他到底是誰？他是第一個使用「哲學家」這個字彙的人——有一次他回答別人，說自己是一個熱愛智慧的人；這在希臘文裡是「philo」（熱愛者）與「sophia」（智慧）兩字的結合，也就是創造了「哲學」一詞。

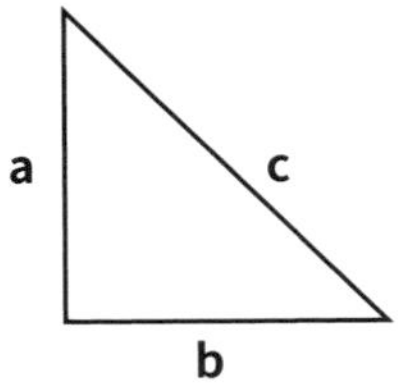

生於西元前五七〇年的畢達哥拉斯，被後世尊崇為數學、幾何、天文、音樂之父。

他是第一個主張「地球為圓形」學說的人，並嘗試要計算地球的圓周。

他率先指出飲食會影響心理，並提倡食用易消化而以生食與水煮為主的食物。

他率先傳授了身體與心理的關聯性，並建議以運動輔佐心智發展。

他也是首位把音樂應用於醫療用途的人；他寫過具有消除憤怒、建立信心與勇氣、或是抑制饑餓等作用的歌曲，以及其他各種領域的音樂。

他是現代「數字學」(numerology，又稱靈數學或占數術）的始祖。「數字學」是一門探索數字精神內涵的哲學，因為可以透視人的天賦潛力和性格特質，所以也有人譯為「生命密碼」。

在當時女性仍普遍被視為財產的年代，他早已提出婦女平權的觀念。

除了上述這些驚人的成就之外，畢達哥拉斯也是一位卓越的精神導師，向世人指出：通往幸福人生之路，乃在於發展自我（個人成長），追求真、善、美，並且充分運用直覺。他教導世人必須經由身、心、靈的不同層面來了解自己，藉由這方面的知識選擇適合自己的生活方式、職業、才能發展、飲食和運動等等。

畢達哥拉斯曾有一句名言直指數字是「萬物的原則、肇始與根基」。他相信數字不只是用來測量東西的工具，數字也同時具備能量與頻率，並且會以音樂或熱能等等的能量形式呈現於生活當中；正如音樂能影響人的情感，數字也會直接影響人的生活。

為了「了解自己」，必要步驟之一是認清我們如何受到環境中各種能量的影響，這當中包括了數字所產生的能量。畢達哥拉斯認為數字會直接影響生活；假若從形而上的、神祕學的角度來看，環繞在生活週遭的所有數字，冥冥中都與我們息息相關。藉由了解數字的意義，我們更能客觀認識自己，明白事情為何會發生在自己身上，以及應該採取怎樣的對策。從畢達哥拉斯的這個角度出發，認識到數字確實會影響我們——想想看今日生活中出現的數字何其可觀，因此當然就需要認清數字所產生的影響了。

從生日數字說起

在各種數字之中，「出生年月日」一定是最重要的，因為它是我們人生中所得到的第一個數字，而且這數字終生不會改變。

其他的數字像地址、護照號碼、證件字號、電話號碼等當然也都會造成影響，但是我們必須先明白它們與我們生日數字之間的關係，才談得上了解它們的影響。由於這些數字會更動，因此儘管它們也會造成影響，但影響程度比不上生日；令人稱奇的是，這些數字常常會與生辰數字一樣！

不管在同一天裡有多少人出生，那些數字所造成的影響都一樣；但是當然後來會有許多別的數字與因素像生辰數字一樣在運作，因而影響了各人的性格發展。這種現象尤其可在雙胞胎身上得到印證：雙胞胎的出生年月日完全一樣，但性格的發展卻可能南轅北轍。生辰數字透露出了每個人對人生的想望，也就是每個人真正想從生命中得到些什麼；伴隨著這份想望，也就必須面對各種形式的挑戰與生命課題，其後才能達成目標與想望。另外，生辰數字也會揭示每個人的潛在天賦才華，讓人在諸多不同的領域發揮。例如某人擁有溝通的天分，就可展現於律師、業務銷售、新聞記者、作家、公開講演、政治等的職場生涯。

也許有人會問，分析人類性格的方法已經有那麼多，為何還要用這種看來帶點迷信色彩的生命密碼來認識自己？的確，現在有各式各樣的心理分析方法，但很多人仍然不清楚哪一種方法最好、最準確，而且那些方法的測試過程往冗長緩慢，並且需要有專家協助，誰有那時間與金錢去取得或習得相關的資訊？正因為這樣，大家才會對比較不科學、但很有趣的性格分析法感興趣。以生命密碼來說，它聽起來似乎不科學，還讓人覺得有點迷信，但有成千上萬的人對於它的準確度與實用性大表嘆服。

如果試過其他型態的性格分析測驗，不妨試試這一套生命密碼，然後比較一下其異同。許多人用生命密碼分析性格後，改變態度，從抱持懷疑到變成忠誠擁護。一位三十五歲的女士表示，她的心理醫師花了十年才發現的事情，生命密碼不到三分鐘就告訴了她。類似的例證實在不勝枚舉！生命密碼幫助人們分析自己並了解別人，開創更好的人生。

因此，不必等待科學驗證，只要親自試試即可。如果發現它準確而且有用，那就不妨充分利用它來進一步提升生活；反之，如果覺得它不準，至少它會讓我們用一點時間來面對自己的內心世界，思索我們的人生——光這一點就算是有幫助了，而這樣的省思過程對於健康有幫助，具有療癒功能。說不定，它可以幫助我們發掘長久以來一直被埋沒的特長及潛在天賦。最重要的是，它讓我們思考：如何「做自己」。

用數字發現自己的天分

生命密碼的應用範疇十分廣泛。它能幫助我們分析每個人不同的溝通方式，它能在人力資源、夫妻情感和親子溝通方面發揮立竿見影的功效。生命密碼也適用於研判人與人之間的契合度，了解彼此的喜好取向，以及為何會惺惺相惜，成為知交，甚至墜入愛河。它更進一步可以透露每個人在「花錢」這件事上的不同方式，這當然就可以運用在業務銷售方面。但是，最重要的仍是幫助每一個人找出自己的天賦才華。

很多人並不知道自己有什麼天分。造成這種現象的原因之一是，每當提到「天分」這個詞，我們直覺就會想到莫札特、貝多芬或愛因斯坦等這些舉世聞名的天才；但這些人只代表了人類所有天分中的某些才情。有太多蘊藏於我們身上的才華未能被社會表彰與肯定。舉例來說，以一隻米老鼠讓全世界開心的華德．迪士尼，他的才華是什麼？拯救印度飢貧孩子的德蕾莎修女，她的才華又是什麼？比爾．蓋茲呢？面對這樣的問題，大家都很難答得上來，然而這些名人的成功典範實實在在證明了他們確實具備某些過人的本領。

還有一個原因使得讓我們很難回答那些問題。「天分」這個字眼，總讓人覺得應該是某種特殊的才能，好比繪畫、數學、音樂演奏。但是生命密碼所說的天分並不只是技巧，而是思考與智力方面的某些特殊能力與突出表現。舉例來說，如果生命密碼指出我們有創造方面的天分，並不代表就只能繪畫、素描，或是其他藝術方面的表現；它意謂的是我們對於藝術與美學特別有概念。具有創意天分的人通常能一眼就分出美醜，自己喜歡什麼、不喜歡什麼；不具備這方面才華的人，被問到什麼是美都很難回答。擁有這種美的天分的人，不假思索就能脫口說出，完全是與生俱來的天分。從穿著打扮、居家的裝潢傢飾，甚至從結婚對象很容易就看出品味；生命密碼可以幫助發掘自己這方面的天分，進而發展出一片天地。

當然，找出了特長所在是一回事，但是如果不努力培養與發揮的話，終歸枉然。天下沒有白吃的午餐。

如何運用天分

發展天分最簡單的方式就是把那項天分運用在目前從事的工作中。如果深入觀察自己每天的例行事項，很可能會發現，其實在某種程度上我們早就在運用它了，而那很可能也是工作中最喜歡的部分。如果是這樣的情況，請試著在每次發揮自己長處的時候刻意肯定自己，鼓勵自己：「就是這樣，太好了，看看我的專長，這就是我天生的本領！」

接下來，要認真採取行動。下班後再去上個什麼課、培養嗜好、加入社團，或是結交一些和自己有類似天分的朋友，互相提攜，並開拓機會。每個人的身上都有一座金礦，只要願意投資，就能挖出天賦長才。

如果現在的工作根本不能讓自己發揮天賦，而又沒法子馬上改行，最簡單的解決辦法就是找一個能讓自己發揮長處的嗜好。越是努力培養自己的才華，就越有機會在有朝一日時機成熟時，順勢把它發展成個人的事業。基本上，我們應該在每天的作息中至少安排二十分鐘從事那些能讓自己發揮天分的嗜好。

運用生命密碼的最健康的方式是學習所有的功課，在每一個層面都培養自己，同時學習數字1到9所代表的不同人生課題：

1．獨立的極限
2．依賴的極限
3．理想主義的極限
4．安全感的極限
5．自由的極限
6．責任感的極限
7．真理的極限
8．成長的極限
9．慈善的極限

算出生命數字

方法：寫下自己西元出生年月日，然後把所有數字相加，直到加出一個個位數的數字為止。

範例：某人出生於一九五二年六月十五日：

1＋9＋5＋2＋6＋1＋5＝29——天賦靈數

再加一次：

2＋9＝11——天賦靈數

然後再加一次：

1＋1＝2——命數

第一個加總得出的數字（本例中的29），稱為天賦靈數，通常是個二位數，也就是由兩個數字組成。但有些人會出現兩個以上的數字，像上述這個例子就出現了三個靈數：2、9和11。但有些人就只有一個靈數，例如出生於一九六一年五月八日的人，加出來的總和為30，因此這個人的天賦靈數就是3（生命密碼並不運用數字0，至少在目前這個初學階段不使用0，詳細說明請參見第152頁）。

又例如生日是一九五六年九月九日的人，加出來的總和是39，3加9是12，因此他的靈數就涵蓋了3、9和12。擁有較多的靈數不見得是好事，未必帶來更多才華，卻往往造成較多的矛盾衝突。

最後的總和，也就是天賦靈數相加所得的數字即為命數；如果得出的總和數字是兩位數——基本上西元二〇〇〇年以前出生的人都會是兩位數——則要再相加一次，直到最後所得總和是一個個位數。以上例來說，一九五二年六月十五日的加總所得為29，2與9再相加得到11，再把1加上1等於2，因此命數是2。至於一九六一年五月八日的例子，天賦靈數為30，命數就是3。同理，一九五六年九月九日的天賦靈數是39，命數是3。

計算命數的範例與練習

1952 年 6 月 15 日
1 ＋ 9 ＋ 5 ＋ 2 ＋ 6 ＋ 1 ＋ 5 ＝ 29——天賦靈數
2 ＋ 9 ＝ 11——天賦靈數
(注意，此例的靈數有三個，包括 2、9、11)
1 ＋ 1 ＝ 2——命數

1965 年 1 月 17 日
1 ＋ 9 ＋ 6 ＋ 5 ＋ 1 ＋ 1 ＋ 7 ＝ 30——天賦靈數
3 ＋ 0 ＝ 3——命數

1959 年 10 月 16 日
1 ＋ 9 ＋ 5 ＋ 9 ＋ 1 ＋ 0 ＋ 1 ＋ 6 ＝ 32——天賦靈數
3 ＋ 2 ＝ 5——命數

1947 年 6 月 15 日
1 ＋ 9 ＋ 4 ＋ 7 ＋ 6 ＋ 1 ＋ 5 ＝ 33——天賦靈數
3 ＋ 3 ＝ 6——命數

1970 年 12 月 5 日
1 ＋ 9 ＋ 7 ＋ 0 ＋ 1 ＋ 2 ＋ 5 ＝ 25——天賦靈數
2 ＋ 5 ＝ 7——命數

繪製數字命盤

算出所有的數字之後，就可以製作出能顯示各個數字連線型態的數字命盤。方法如下。首先，把數字1至9按下圖的排列方式畫出基礎圖（見下圖右）。

接下來，把生辰的各個數字和加出來的數字在命盤圖上各劃一個圈。例如一九五二年六月十五日，就在下列數字上畫圈：（生辰數字）1、9、5、2、6、1、5，以及（加總的數字，亦即天賦靈數和命數的數字）2、9、1、1、2。每出現一次就畫一圈，得到如下的圖（見下圖左）。

以一九六一年五月八日的例子來說，數字的總和為30，最後命數為3，因此畫出命盤圖如下頁的右圖。

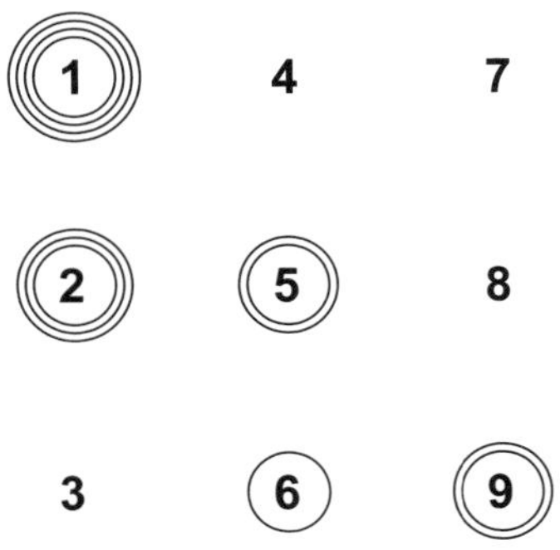

1952/6/15

1	4	7
2	5	8
3	6	9

而在一九五六年九月九日的例子中，數字的總和為39，然後互加為12，然後得到3，所以命盤圖就呈現如下面左圖。

更完備的命盤圖表

我們還可以加入其他的數字，畫出一張更進階而完整的命盤表。方法如下：

畫出了基礎命盤圖之後，把出生日的數字再畫一圈。如果出生日不是一位數，而是兩位數，如前例一九五二年六月十五日一樣，那麼就把出生日的1和5相加，得到6，在命盤圖上再畫一個6。

然後，再加入星座的代表數字。(各星座的代表數字詳見51頁)

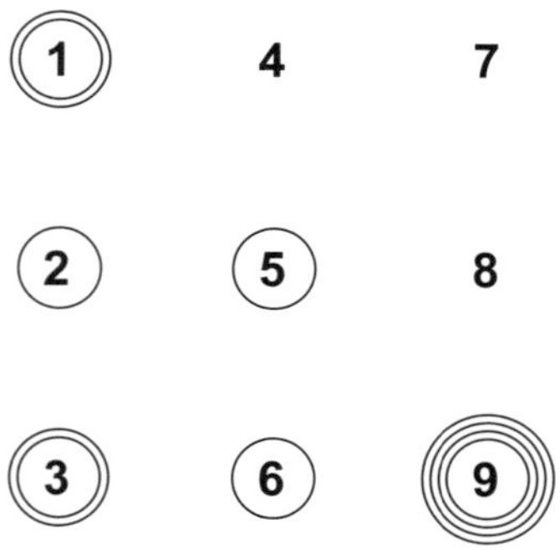

1956/9/9

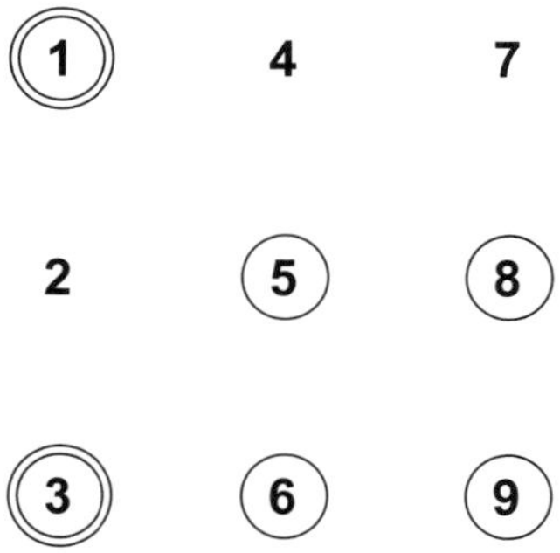

1961/5/8

以一九五二年六月十五日的例子來說，此人為雙子座，是第三個星座，數字就是3。因此他的完整命盤會如下面的右圖。

有時情況會比較複雜。例如生於一九九六年二月二十九日的人，加總出來的數字為38，然後3與8相加為11，最後1與1相加為2。所以在基礎命盤圖中要再加入出生日的2與9的總和11，也就是在1上面畫兩個圈；最後還要把1與1相加後得到的數字2也畫一個圈。另外，由於此日期的太陽星座雙魚座的數字是12，於是1和2再各畫一圈，而總和數字3也要再畫一圈，於是最後的命盤是下面的左圖。

在大多數的情況下，把生日數與星座代表數字再加上去之後，就足以勾勒出一張可以呈現準確訊息的命盤。

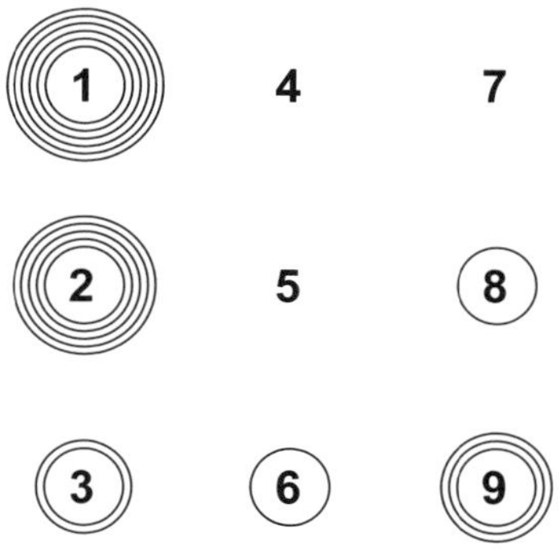

1996/2/29

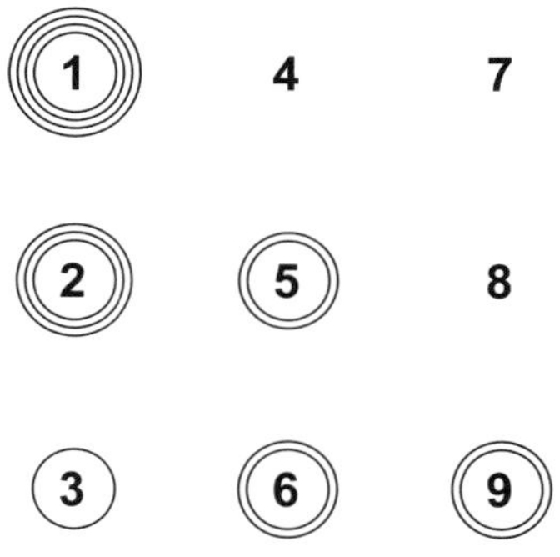

1952/6/15

如何解讀命盤

畫出命盤圖之後，注意命盤上畫了圈的數字，以及由數字所形成的各種連線線條。生命密碼的第一步是，先檢視命數的意義，這已經足以提供許多實用有趣的訊息。但是命盤可以透露更多訊息：它能顯現溝通方法、情感模式、矛盾衝突、個人成長模式等等各種面向。問題是，解盤並不容易，需要不斷的練習與豐富的歷驗才能準確解讀。

在解讀命盤時有一些基本原則，但也常常遇到特例。解讀數字命盤的第一步是確定所有數字的「重要性的排列順序」。命盤上的每一個數字都很重要，但重要性的程度不同。每個數字的出處決定了它的影響力，例如所有生於西元一九某某年代的人在命盤圖上都會出現1和9，儘管這兩個數字也會造成影響，但其他的數字（例如生日的日期）所造成的影響比較強烈。由此可知，由生年而來的數字對於性格的影響比較小，也就是影響的程度較輕。

有些情況則很容易就能從命盤中找出最重要的數字。例如一九七〇年一月一日出生的人，數字加總為19，因此命數是1；此人的命盤上有許多的1，而命數又是1，因此他的

星座的代表數字

牡羊座：1｜3 月 21 日至 4 月 20 日

金牛座：2｜4 月 21 日至 5 月 21 日

雙子座：3｜5 月 22 日至 6 月 21 日

巨蟹座：4｜6 月 22 日至 7 月 22 日

獅子座：5｜7 月 23 日至 8 月 21 日

處女座：6｜8 月 22 日至 9 月 23 日

天秤座：7｜9 月 24 日至 10 月 23 日

天蠍座：8｜10 月 24 日至 11 月 22 日

射手座：9｜11 月 23 日至 12 月 22 日

摩羯座：10，總和數字為 1｜12 月 23 日至 1 月 20 日

水瓶座：11，總和數字為 2｜1 月 21 日至 2 月 19 日

雙魚座：12，總和數字為 3｜2 月 20 日至 3 月 20 日

命盤就很容易解讀。然而，出生於一九五一年一月一日的人，加總為18，命數是9；儘管他的命盤上有許多1，但他的命數是9，而9和1所形成的影響完全相反，此例的命盤就比較不容易判讀。

我在過去出版的《生命密碼》一書中，詳細解說了數字及數字連線型態的意義，但沒有論及如何用整體的角度解讀命盤。於是很多人就運用連線的意義來解盤，這對擁有許多數字的複雜命盤是有效的，但對於毫無連線的命盤就束手無策。西元二〇〇〇年以後出生的人，他們的數字命盤會非常簡單，而且常常沒有連線，解讀這種命盤就需要更多的技巧。

本書稍後的章節會逐一介紹每個數字的意義、在命盤上缺乏某個數字時的意義，以及數字形成了連線時的意義等等。因此，解讀命盤的最簡單方法就是直接分析命盤，闡釋命數與天賦靈數，以及連線的意義，這樣就足以提供相當多準確有趣的訊息。

然而，還有一個更精準的解盤方式：「黃金三數解讀法」。

黃金三數解讀法

黃金三數解讀法首先要歸納出三個最能代表整個命盤的數字，然後把這三個數字依照重要程度排列，根據其排列組合加以解讀。這套方法相當繁複，本書暫不贅述，在此只能以精簡的版本略作介紹，但此簡易方法也足夠幫助掌握大多數的狀況。

簡易版只需選出三個數字代表整個命盤：命數、出生日、天賦靈數。

第一個數字是：**命數**。

先計算出命數。命數對於性格的影響最大，在分析數字的意義時常常要用到。

第二個數字是：**出生日的數字**。

出生日是指出生那天的日期數字。首先要把出生日化為一個一位數的數字。如果原本就是一位數，從1

黃金第三數的特殊情況

之一：假如天賦靈數是 29 或 39，就不能用十位數的數字，因為那會分別與它們的命數 2 和 3 相同。這時就把數字相加，如 29 就得出 2 ＋ 9 ＝ 11，那就用 1；而 39 則為 3 ＋ 9 ＝ 12，但這時要選 2。

之二：天賦靈數為 10、20、30、40 時，都不能選十位數的數字，因為那與它們的命數相同。這時，就用星座數字取代。萬一星座數字又與出生日數字相同，就要由下一頁的「其他數字」裡選出第三數。

有一部分在西元二〇〇〇年以後出生的孩子不會有這樣一個兩位數的天賦靈數，因為他們的出生年月日的數字加起來不會超過 10。遇到這種情況，就把星座的代表數字當作第三個黃金數字。假如星座數字又與命數相同，則用「其他數字」的方法來挑選。

日至9日，則直接取用；若是兩位數，從10日到31日，則要把所有數字加起來。例如13日，要把1與3相加，得到4；若是28日，則要把2加8得10，然後把1與0相加，得到1。

注意：如果出生日數字與命數相同，就不能取用，而要改用星座的代表數字。關於星座的代表數字，請參考第51頁。如果不知道自己所屬的星座，請先以自己的國曆生日對照第51頁。

再注意：如果出生數字與星座數字都和命數相同，那就暫時不處理這第二個數字，直接先選取第三個黃金數字，最後再進入「其他數字」找出第二個數字。

第三個黃金數字是：**天賦靈數**。

天賦靈數是個兩位數的數字，我們這裡要取用的是十位數的那個數字。例如天賦靈數為32，就把3拿來用。如果此數又與**命數**和**出生日數字**相同，那就以星座數字取代。萬一星座數字又和命數、出生日數字都一樣，那就由下面的「其他數字」裡面挑選。

其他數字

假如星座數字、天賦靈數與出生日數字都和命數相同，就請依照下列順序一一嘗試，直到找出了黃金三角解讀法所需要的三個不一樣的數字為止。

1.如果出生日數字是個兩位數，這時不必相加，只要選取十位數的數字即可。例如生於13日的人，就用1。

2.取用天賦靈數的第二個數字。例如，天賦靈數為32，則用2。

3.如果出生日數字是兩位數，但不能用到十位數的數字，這時就選擇個位數的數字。例如生於13日的人，就選擇3。

4.用生日的月份加起來所形成的個位數數字。例如生於12月的人，1加2等於3，就用3作為金三角的第三個數字。

5.採用月份的十位數數字。例如生於12月的人，以1為第三個黃金數字。

6.採用月份的第二個數字。例如生於12月的人，以2作為金三角的第三個數字。

7.採用年份的最後一位數字。例如生於一九七六年的人，選擇6。

8.採用年份的倒數第二個數字。例如生於一九七六年的人，選擇7。

9.用年份的倒數第三個數字。例如生於一九七六年的人，選擇9。

10.採用年份的倒數第四位數字。例如生於一九七六年的人，選擇1。

11.如果始終找不出三個不同的數字，那就只用兩個數字。這種情形會發生在生辰數

黃金三角數的範例

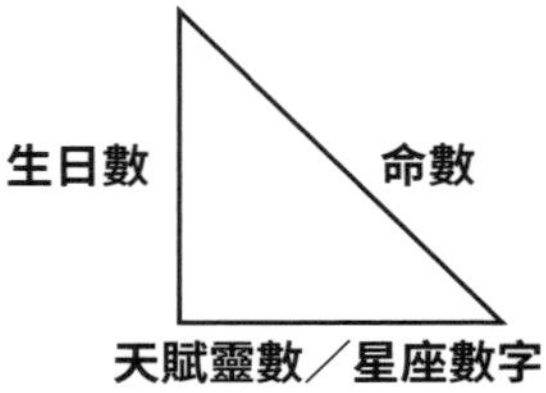

例一：生日 1989 年 9 月 4 日。

黃金第一數：天賦靈數為 40，命數為 4。

黃金第二數：生日數為 4，與命數同，所以不能用生日數，改用星座數字。9 月 4 日是處女座，處女座的數字是 6。

黃金第三數：靈數 4 與命數同，不能用；星座數已用，故改用月份數字。

黃金三角數字如圖示：

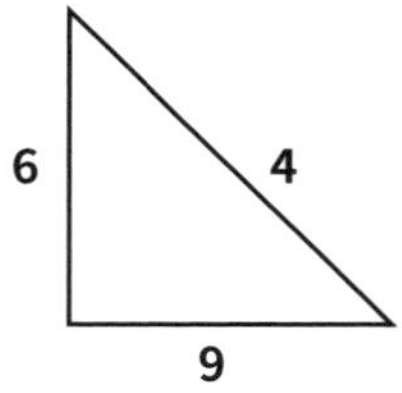

例二：生日 2002 年 1 月 5 日。
黃金第一數：天賦靈數為 10，命數為 1。
黃金第二數：生日為 5 日。
黃金第三數：靈數、星座數都是 1，不能用。月份也是 1，不能用。
最後用年份的倒數第一個數字，2。

黃金三角數字如圖示：

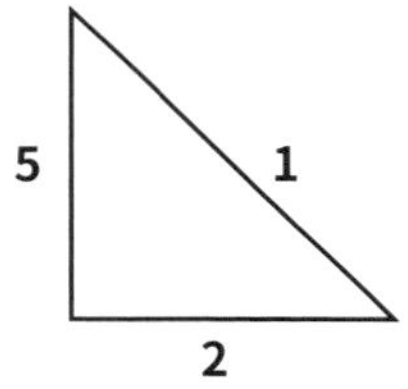

例三：生日 1954 年 8 月 3 日。
黃金第一數：天賦靈數為 30，命數為 3。
黃金第二數：生日數為 3，與命數同，不能用。改用星座數字。
由於是獅子座，星座數字為 5。
黃金第三數：靈數和星座數不能用，改用月份數 8。

黃金三角數字如圖示：

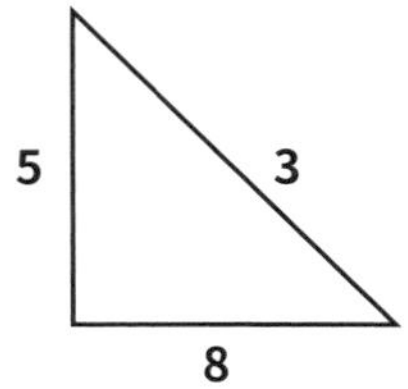

字為二〇〇〇年二月二日出生的人。他的命數為6，然而其他所有的數字都是2，包括星座的水瓶座數字。遇到這種情況就不必再把星座數字加成一位數的數字，而水瓶座的人選1，雙魚座的人選2。

12. 如果怎樣都找不出三個不同的數字，那就和我連絡吧！

再以前面舉出的一九五二年六月十五日來說，它的頭兩個黃金數字分別是2和6（2是命數；6來自於出生日的1＋5＝6）。至於第三數就碰到了特例：天賦靈數是29，這時不能用十位數的數字當作黃金第三數，而必須把2和9相加，得到11，用1當作黃金第三數。

從整段的「其他數字」會發現，命盤上各個數字造成的影響程度不同。這個問題很複雜，接下來就針對數字的重要程度略做說明。

關於數字的重要程度

第一，所有數字中影響力最大的，通常是**命數**。命數是生年生月生日的所有數字全部加總的結果，它透露了一個人與生俱來的天賦與才情、此人今生想要追求的事物，以及必須努力學習的人生課題。因此它必然會被納入簡易金三角法的黃金數字。

第二個最有影響力的數字，通常是**出生日的日期**。這個數字說明了此人性格的外在呈現，也就是在外人眼中的模樣。他人眼中所見的自己，當然與真正的自己有所不同。出生日的數字幫助我們了解人生中可能發生的各種矛盾與衝突。如果外在的樣子跟真正的自己是不同的，那就難怪會被人誤解。

第三個具有影響力的數字，就是**天賦靈數**。天賦靈數反應了一個人面對問題與解決問題的態度與方式，它也揭示此人容易培養與發展的才能及潛力。天賦靈數通常是由兩個以上的數字組成；第一個數字（十位數）顯示的是人面對問題時所採取的原始反應；第二個數字展現了此人隨後改採的態度。通常，命數與天賦靈數要放在一起做整體的解讀，這需要經過訓練並累積解讀數字的經驗才做得到，本書暫不做這方面的說明。

第四是星座數字。有些時候星座數字的影響力會非常大，特別是在星座數字與命數及生辰日期數字相容的時候；如果是這種情況，思考方式與言行舉止就會像該星座所描述的特質。（關於數字間的相容度，詳見〈相容、衝突與解決之道〉章節）

第五，再其次是命盤上出現了最多次的數字。如果某些數字出現的次數明顯高過其他數字，它們就會變得和命數同等重要；如果這個出現最多次的數字恰好也是命數，那麼就能用這個數字來徹底解析性格。

第六，最後要看命盤上由數字組合所形成的連線。當命盤上的數字連線只有少數幾條時，它的影響力就會顯現。

找出三個黃金數字，並畫出黃金三角形之後，就可以參閱本書其餘各章所探討的數字在各方面所帶來的影響。

首先要理解的是第一個黃金數字（命數）的意義，此數字會勾勒出性格的基本型態。接下來解讀第二個黃金數字（生日數）。然後進入第三個黃金數字。

有時候，這三個數字所代表的意義乍看之下是互相矛盾的，這時該如何理解呢？我們要知道，沒有人的性格僅僅只有單一型態，每個人都是由許多事物共同組合起來的綜合體。第一個黃金數字透露的是，我們內心認為自己是怎樣的人，我們真正想要的樣子。第二個黃金數字說出了別人對我們的觀感，別人眼中我們的模樣。第三個黃金數字則描繪出我們實際表現出來的樣貌，而通常我們自己可能會否認這個部分。

最後，務必仔細觀察這些數字之間的矛盾與衝突，這可能是本書最重要的部分，因為它把各數字的意義做了整合。它能指出我們在人生發展的過程中所遇到的障礙，以及該如

採用哪個生日？

在台灣，國曆農曆並用，還有自民國建立後所用訂定的年制。此外，有些人的出生日期不只一個。在早期的年代，父母登記子女的生日日期會比真實的出生日期晚。這種情況下，有人甚至有四個可能的生日：真正的國曆生日、真正的農曆生日、身份證明文件上記載的國曆生日與農曆生日。

該以哪個生日為準呢？首先要了解，影響最大的永遠是最常使用的那個生日，無論它是國曆或農曆，是真實出生日期或是虛報的日期。 所以，就先從護照、身份證和最常使用的生日開始，計算出該日期的黃金三數；然後再計算另一個生日的命數與靈數，再擇定它的黃金三數。依此計算出其他可能的生日。

這樣會形成好幾組黃金三角數字待解讀。

假如農曆生日與國曆生日分別加起來的命數是一樣的，就無需用特別的方式解讀。

但大多數情形是這些生日所算出的命數並不相同，這時就把最常用的生日日期加出的命數列為黃金第一數；把第二個生日加出來的命數列為第二數;然後把最常用的生日的生日日期列為第三數。然後解讀這一組黃金三數。

註：一般讀者只要採用最常使用的第一生日與第二生日即可。不過還是有更複雜的分析方法，歸納出更為精準的解盤。

何破解這些衝突，好讓我們集中心力追求成長，把潛能發揮到極致。

性格中的矛盾比較少的人，在生涯規劃方面比較容易下決定，通常也比較容易成功；他們多半知道自己的天分，而且也不怕發揮它們；朋友們常說這些人是聰明開朗的人，短時間裡的相處是十分有趣的，除非他們太驕傲，在短時間的相處也讓人感覺度日如年。

西元二〇〇〇年之後

西元二〇〇〇年之後出生的人，有些會天生就沒有天賦靈數。例如，出生於西元二〇〇〇年一月一日的人，就只有一個命數4而已。這會產生許多性格非常單純、幾乎沒有內在衝突的人。

大體而言，這是個好的轉變，因為這些單純的人會比二十世紀出生的人更容易覺得快樂。我們這些擁有數字1和9的人，內心都會一方面衡量該為他人奉獻付出多少，一方面又期待別人為自己服務，在這兩端之間擺盪。假如沒有這種衝突，可以省下不少精力，全心做自己想做的事。

二〇〇〇年一月一日出生的人，加總結果1＋1＋2＝4，命盤如下（有一個1代表的是星座摩羯座）。黃金三角數字為：4、1、2。見下圖左。

根據前面的方法計算出生命數字之後，請接著閱讀下一章了解它們的意義。另外，請務必參閱〈童年是自信的開端〉章節，因為我們應該要理解孩提時代所發生的事，那一章裡有一份「潛在才華表」非常值得參考。

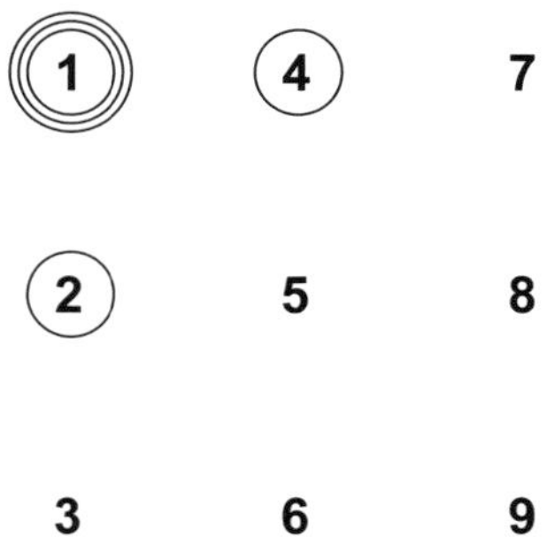

2000/1/1

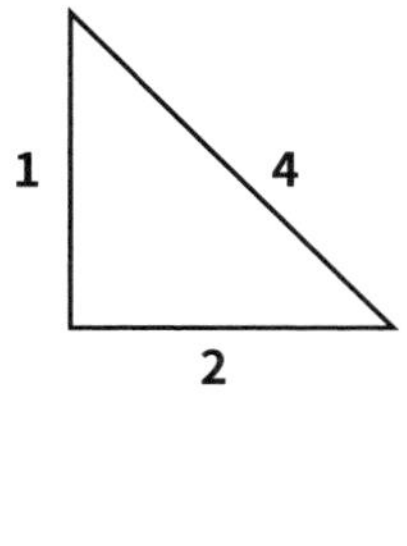

生命數字不是標籤

畢達哥拉斯知道人人天生都有特長，但他並不相信人就只有那一些特長。畢達哥拉斯認為，每一個人都有無窮的潛力，可以發展出自己所希望能擁有的才華，而人類潛力的真正成就乃是發展了所有的才華。他說過：「訓練自己把追求超凡入聖當作目標，把抱持遠大的理想當作習慣。」

畢達哥拉斯集哲學家、數學家、物理學家、天文學家、樂師、醫生、營養師、廚師、政治家、地方首長的身分於一，也是精神導師、運動員、父親與丈夫。他永遠在努力改進自己，也以這樣的身教來期許學生效法。

畢達哥拉斯不會用生命密碼來把人貼上標籤，他只是要看看這些數字對學生們造成怎樣的影響，藉此確認學生應該最先發展何種專長。我們也要遵循他的方式，在計算別人的生命密碼時最好說，「我們來看看生命密碼如何影響你」，而不要說「我們來看看你的生命密碼是什麼」。

但事實上生命密碼的影響力相當巨大，對於任何一個想要改進自己的人都能提出明確的方向。很多致力於個人成長且頗有進步、修正了不少性格弱點的人表示，生命數字確實準確指出了他們早期的性格特質。

2

數字的特質與潛力

1

1數是能量凝聚的起點，由此開始向外延伸。

1數代表太陽，能量的源頭。太陽是古人最早膜拜的神祇之一，因爲地球上的一切生命都仰賴太陽的能量，太陽神因而被視爲生命之父。

個性特質

1數的人熱愛獨立，而且會不惜代價追求獨立。1數人是天生的領袖，充滿自動自發的精神。他們其實不那麼愛風險，但還是衝勁十足。他們精力充沛，不容易疲累。1數人常常期望別人能和他們一樣獨立，非常不喜歡別人依賴他們。

1數人看世界的眼光是截然二分的，凡事非黑即白。這種思考模式的優點是比較容易做決定，而這是領導力的必備特質；缺點則是容易流於極端。他們用戲劇化的方式看待事情、描述事情，彷彿在說故事。

1數人外向而積極，勇於表達自己的主張，他們也希望別人有話直說，不要拐彎抹角。他們會要求人與人相處時必須平等相待，討厭別人用貶抑的語言對他們說話。他們也很敏於察覺到被別人利用或欺瞞。

1數人喜歡獨特的或是絕無僅有的事物；他們不願意一窩蜂跟流行，寧可自創一格——而他們很容易做到獨特，因為他們創意十足，理想性高，點子奇多，想法創新。但同時，他們在看事情的時候往往開門見山，單刀直入。這種方式適合做生意，但假如在戀愛與婚姻關係裡也這樣做，就會讓人覺得冷酷、不浪漫，還顯得自私。

1數人處理事情要求迅速有效，期待的是最高標準的表現。一旦事情出差錯，他們非常容易發火，並且會懷疑相關負責人員的能力，處在這種情況裡的1數人會痛加批評、破口罵人，並且不惜挑戰權威，並且想也不想就收回承諾，掉頭就走。

人生課題

1數人要求獨立，不希望自己需要任何人。很多1數人都夢想著有朝一日能搬到一座小島，過著像《魯賓遜漂流記》那種生活。有兩種方法可以達成這個目標，一是經由奪取、欺騙與自私的手段，但這會帶來痛苦、麻煩與寂寞；二是由利他的角度出發，為人付出，這是比較柔軟的方式。真正的領導者會致力於改善追隨者的生活。柔軟寬大的方式可以為1數人帶來財富並創造出獨立的生活，而不會造成痛苦和孤單。一個1數人最後會選擇上述二者的哪一種態度，反映出他學到了多少人生課題。

1數的人生課題是學習更謙沖，對別人敞開心胸；他們必須學習無私的分享與付出，並學著依賴別人，同時也試著容許別人依賴他。

人生目標

1數人必須忠於自己，接受自己想要在金錢、情感等所有層面都追求獨立自主的夢想，並且努力讓夢想成真。因為他們唯有達成了目標，才能發揮影響力。1數人必須走出一條能達到完全獨立的路，最好早一點學到自己的人生功課，這樣將能在擁有獨立的同時也享有快樂。

所有人的人生目標：做自己

在心中自然浮現的夢想絕不是鏡花水月的幻想；夢想像是路標，導引我們邁向更美好的明天。

我們要到完成了夢想之後才會更了解人生；也唯有到那個時刻，我們才真正知道自己究竟想從人生裡得到什麼。因為在那個時候，我們再也沒有藉口說自己不快樂，而必須面對現實。

任何人的人生目標都應該是「做自己」。

接受自己心中的夢想並努力實現，這樣的行動表示我們接受了自己，也就是「愛自己」，這將可以加強自信與快樂。

不管命數是哪個數字，在人生裡都應該敢於做自己。

溝通之道

座右銘：「先問我。」

1數人相信，只要別人能，他們一定也能做得一樣好，而且很可能做更好。和1數人溝通，絕對不能用瞧不起人的口氣，不能用命令的口吻要求他們做事；必須用平等的態度對待，最好把他們當成王室成員。做任何決定之前都要先徵詢他們的同意。謹記這句話：「先問我。」要有心理準備，萬一和他們的意見相左，與之相處的人可要能屈能伸。

與1數人溝通的要點如下：

- 把1數的人當成一個失去了國土的國王：他們缺乏自信，需要被全心關注。
- 讓他們知道，他們個人能從中得到什麼好處。
- 事情盡量單純，不妨加入一點戲劇效果。
- 他們討厭那些需要小心維修的情況。
- 買東西時很在意價格，價格往往成為最後買或不買的重點。

天賦才能

1數人天生具備領導才能。他們常能以非常明確或黑白分明的方式研判情勢，因此很容易做出決定。他們也能一眼就看出事情該如何運作才會更有力量，該採取怎樣的策略與手段才能確保獨立。

1數人能用新點子或獨特的點子來解決問題。無論是創新造型的衣服、新型態的電腦設計，或是新發明的治療處方，1數人都能想出一些別人從來沒想過的創見。

著名的1數代表人物包括「迪士尼集團」創辦人華德・迪士尼及美國首任總統喬治・華盛頓。

生涯發展

任何可以獨立作業的工作都適合1數人。例如：藝術家、發明家、企業家、業務員、醫生、自由接案者、軍隊指揮官、總裁、設計師、工匠、運動員（非團隊形態的運動）。

健康之道

1數人會發現，隨著他們逐漸接近獨立，身體也隨之更健康；萬一情況正好相反，別人開始依賴他們並且有所要求時，1數人的健康就開始走下坡。問題是如果1數人真正讓自己與世隔絕，完全獨立，他們又會因為覺得寂寞而不快樂。因此1數人一方面必須與別人共處，另一方面還要保持心情愉悅。如何做到呢？1數人必須認識到自己的人生課題並從中學習，同時擇定正確的人生目標。

命數1的天賦靈數組合類型

10／1　這些是出生於西元二〇〇〇年以後的1數人。前面所說的1數特質都能準確描述他們的性格。

19／10／1　這個天賦靈數組合具有雙重性格。他們看起來像是獨立而堅強的領導者，但進一步認識他們後會看到他們截然不同的一面，非常體貼而且樂於付出。問題是這個親切面與1數的基本天性是互相矛盾的，除非他們能了解到這也許就是經常會造成他們難過的根源，否則會無所適從，不容易快樂。

28／10／1　這是最好相處的1數類型。他們感情豐富多變，呈現出既堅強又敏感的面貌。他們也渴望展現這種風格，以此取得一個有權力的位置。他們有親切溫和的手腕，想要成功一點也不難；雖然一路行來可能會讓很多人受傷。

37／10／1　這是最才華洋溢的1數人。他們創造力豐富，屬於原創思考型的人物。問題是他們也非常多疑，這個特質可能會限制了他們的腳步，以致未能全力追求夢想。疑慮與恐懼常使得他們自我設限，以致於有時該大步邁出的時候他們會裹足不前。

46／10／1　這類型的1數人工作最勤奮。他們個性穩重，對自己很有信心。別人依賴他們不會讓他們覺得不自在，這對1數人的性格來說相當不尋常；不過他們不希望別人依賴太久，他們最終還是希望別人能自己照顧自己，假如對方一直做不到，他們也會生氣。他們也是最容易為情所困的1數人；他們一方面喜歡愛情帶來的安全感，卻又不喜歡必須有所付出才能維繫愛情。

1 數的連線：藝術線／獨立線

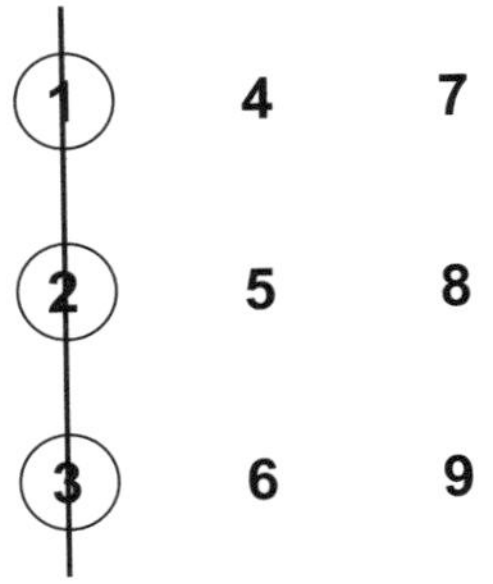

當命盤中出現了 1、2、3，就連成了這條線。這條連線的基本意義是：原始能量（1），經過調和與琢磨之後（2），創造了完美理想（3）。

擁有這條連線的人對事情很有主見，對人生有清楚的期望。這條連線使人富有藝術氣息及創作天分，尤其是與雙手有關的才藝。這條線也讓人覺得自己擁有豐富的個人資源，所以可以靠自己完成一切事情，並不真的需要別人的協助。

這條連線使人非常獨立，而且清楚知道自己想從別人身上得到什麼。由於他們覺得可以自給自足，因此拙於拿捏人際間施與受的關係。由於不依賴別人，再加上理想主義的思考模式，這條線賦予人強大的領導能力。

2

線條是2數的代表標誌，因爲兩個點即可連成一條線；線條用來把東西綁在一起，所以2數和依賴有關。

波浪也代表2數，因爲每個高點都有一個相對等的低點，因此2數代表了宇宙間的所有二元對立：男與女、黑與白、陰與陽、熱與冷等等。

個性特質

2數人非常注意細節，具備極佳的分析能力和辨識能力。他們喜歡發問和思考，這使得別人覺得他們很挑剔或者老是在抱怨，但對2數人來講，看出問題並把它揪出來，實在是很正常的事。

這種善於發現細節和提出質疑的能力，使得2數人知道凡事都有一體兩面。他們深知「陰陽並濟，禍福相倚」的道理。由於認為每件事情都有陰暗面，再加上他們本性就兼具了兩極化的特質，這使得他們擁有分裂性格。剛認識2數人的時候，會不知道他們表現出來的是不是真正的他們，只有在熟稔之後才會見識到他們的另外一面。

2數人是天生的外交與公關人才，擅於溝通。他們情感豐富，親切溫和，對於有關感情世界的話題特別敏感，因為他們喜歡相信人與人之間應該要相互依存。在2數人的理想世界裡，友誼是一輩子的事，愛情也應該是透過長時間的經營改善而歷久彌新。因此眼看愛情關係就要走不下去，他們很少會是主動提出分手的一方，就算非分手不可，他們也會儘可能與舊愛保持朋友的關係。

2數人並不喜歡帶頭主導，願意與人合作而不喜單獨行事。這種個性，加上天生就認識到事物的二元性，使得2數人很不容易做決定。他們不會採取主動積極的作為，寧可放任事情順勢發展。2數人寧可等別人找他們去參與事務，也不主動邀別人加入。

2數人對感情的敏感，可能會為他們帶來悲傷。由於他們堅信在愛情裡應該多多付出，而他們也會要求對方相對地回饋，或者付出更多。因此一旦別人達不到2數人的預期，他們就會大感受傷。儘管如此，他們還是不會與對方分手，也不會另覓比較合適的對象，卻會繼續嘮叨抱怨，責備挑剔，有時候一耗就好多年。2數人的依賴特質使得他們難以感受到真正的快樂。

人生課題

2數人的人生道路有兩類。一種是不管多麼不快樂，也緊緊抱住他們自己對愛情與事業的依賴感，長此以往，他們漸漸變得尖酸刻薄，只會抱怨，最後覺得自己被利用、遺棄，不被珍愛。另一種可能性是，發揮他們擅於分析的天性，建立一種健康的模式，持續省察，確保一切都循正軌運行；一旦發現方向偏離，立即把握公平正義的原則，據理力爭。如果情況眼看無法改善，就該當機立斷，快刀斬亂麻，轉換職場或另覓真愛。會選擇上述二者的哪一種方向，要看這個2數人多早學習到人生的課題所在。

2數的人生課題是學會獨立，不要過度依賴別人或外在事物，也不要把別人性格上的弱點拿來為自己的失敗找藉口。2數人當然可以等著找到不會造成痛苦的解決辦法，但還是必須採取行動，以對自己最有利的方式做出決定。2數人必須了解，一個明快的決定不管對或錯，都好過拖泥帶水、懸而不決。2數人也必須學會用積極主動的態度解決自己的問題。

人生目標

2數人必須營造以堅定強固的感情關係為基礎的人生。他們必須找到一位願意像他們一樣樂於分享的對象，而且永遠能隨侍在側；這對象就像是他們的鏡中映像。2數人也必須找到適合的職業，一份容許他們自由批評並追求改善的工作。2數人必須感覺到自己和家庭、社會、工作及朋友都緊密結合；這代表他們不該獨處，不能與社交活動、人群和愛情保持距離，而必須密切參與人群和活動，因為2數人要靠這些才能得到成長。假如所面對的是不健康的情況，他們就會被迫學習人生課題，才可能談得上健康。

溝通之道

座右銘：「你決定就好。」

2數人明察秋毫，對細節和變化都很敏感。若想與2數人達成良好的溝通，他們喜歡由對方主導做出決定，不過永遠記得要向他們解釋之所以做出這個決定的種種原因。千萬不能讓他們覺得受到任何威脅，也絕不能讓他們以為我們是在刻意疏離。記住，2數人的座右銘是：「你決定就好。」

2數人希望被人感激，因為他們是信任別人，才讓對方做主，所以被信任的一方當然可以自己做決定，但是一定要是為了讓彼此更親近才主導做決定。如果沒有清楚顯示出這個動機，恐怕就會看到2數人自私而挑剔的陰暗面。

與2數人溝通的要點如下：

- 把他們當成受雇來保護我們的貼身保鑣。
- 他們不相信天底下有簡單的事。
- 他們需要稍多的時間把事情釐清楚。
- 他們喜歡經過妥善協調的事物，所以不要毫無規劃就倉促行事。
- 2數人買東西時會介意價格，除非能得到很好的解釋。

天賦才能

2數人眼光銳利，能夠挑出別人很可能會遺漏的細節。他們善於協調，例如搭配服飾、居家擺設和人物配對。他們天生就懂得搭配事物，把恰當的人安排在適合的工作上。他們也天生就擁有心理學知識，很能解決人際關係的問題。

2數人善於分析問題，喜歡批評及發問。因此他們很適合從事各種需要做研究的工作。2數人也能把組合搭配的天分發揮於文字上，因此也展現出寫作與溝通的才華。2數人能和別人共事愉快，是絕佳的團隊成員，而他們也寧可人合作努力，而不願意單打獨鬥。此外，2數人天生的二元並立特質，使得他們具備了表演方面的才華。

著名的2數代表人物包括：美國前總統雷根、柯林頓及美國前第一夫人賈桂琳·甘迺迪。

生涯發展

凡是涉及團隊合作或研究的工作，2數人都能勝任愉快。適合的職業包括：導遊、護理人員、研究員、偵探、設計師、藝術蒐藏家、經理人、人力資源規劃師、心理諮商師、律師、演員。

健康之道

2數人會發現，只要找到了可以完全依賴的人，他們就會覺得快樂無比，健康也隨之改善；但假如他們感覺到心愛的人想要躲開，或是要他們站出來做主，他們的健康就會出狀況。因此2數人維繫健康的方法是找到好人依靠，並歸屬於群體。可惜，2數人所要求的依賴程度在現實生活中幾乎不存在，就算找到，通常也無法持久。即使是天下最完美的伴侶，終究也會因為2數人毫無節制的依賴要求而精疲力盡。因此，2數人的人生課題「學習獨立」能幫助2數人獲得健康。

命數2的天賦靈數組合類型

11／2和29／11／2　他們看起來非常親切，多半是花了許多時間照顧別人的好人。他們的弱點在於具備雙重性格，一方面獨立，一方面依賴。大部分時候他們表現出依賴的一面，但最後他們通常

卓越數

天賦靈數都是兩位數，凡是兩個數字相同的天賦靈數，稱為「卓越數」（master numbers），例如 11、22、33、44。靈數為卓越數的人，在某項才能上擁有雙倍的力量。想要把一種才華潛能發揮到極致已非易事，何況是具備雙倍潛力的才華。因此卓越數的人會有強烈的渴望想要發揮自己的天賦長才，倘若無法如願，他們就幾乎沒辦法從人生中得到快樂與滿足。

會因此而不快樂。他們最好學著獨立，而這也就促使他們運用自身所擁有的卓越數（參見81頁）天賦。

38／11／2　他們在個性上是極為獨特的組合，既富創意，又能用務實的手法掌握事物；但這兩項特質並不容易調和，因此許多38／11／2的人經常會感到受挫折。他們也像其他的2數人一樣，想找到可以依賴的人，不過他們希望能居於主控的地位。38／11／2的人無法長久忍受屈居依附的地位，因為他們自認自己也可以掌控事物。這類型的2數人最後不是變得大權在握，就是抑鬱寡歡，大嘆人生不得志。

47／11／2　這類型的2數人無論涉足任何事務，都頗有從中謀利的本事。他們知道如何搞定事情，不喜歡冒險，非常善於分析。只要他們不放任自己怠惰，不要老是等著別人來幫忙，他們的能力足以讓他們心想事成。

20／2　這是最典型的2數性格。他們表現於外的面貌非常感性而溫暖，可是沒有人知道他們心底暗藏的另一面，而且說不定他們自己也沒有察覺到。他們不斷在分析事情，希望能看到事物的所有面向；但這是他們最大的問題，因為一旦他們發現了不對勁，就會在態度和觀感上出現一百八十度的翻轉，行為舉止也截然不同。有時候，他們自己也會對自己這樣突兀的轉變與反應感到訝異。

2 數的連線：感情線／表達線

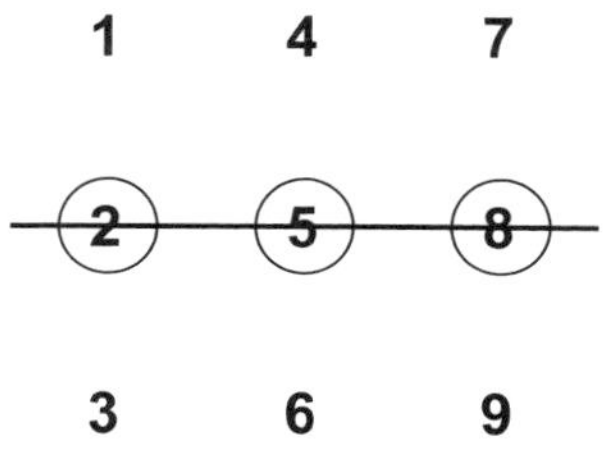

當命盤中出現了 2、5、8 就連成了這條線。這條連線的基本意義是：感情（2）經過凝聚與闡釋後（5），產生感動他人的力量（8）。

擁有這條連線的人在心裡想到什麼，都希望能夠表達出來，通常也能以動人的言語和文字描述事情。然而有時候他們說話會不假思索，心直口快，無意間就會說出傷人的話，所以這條連線也被戲稱為大嘴巴線或是碎嘴線。

擁有這條連線的人，都具備了能以言辭或文字感動他人的能力。一般來說，擁有這條連線的人也都愛說話。由於他們擁有運用文字的天份，所以通常文筆也不錯。他們對於溝通擁有一種獨特的認知和別人所不及的自信。他們認為無論後果如何，坦白說出自己的真實感受總是比較好。

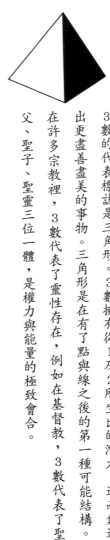

3

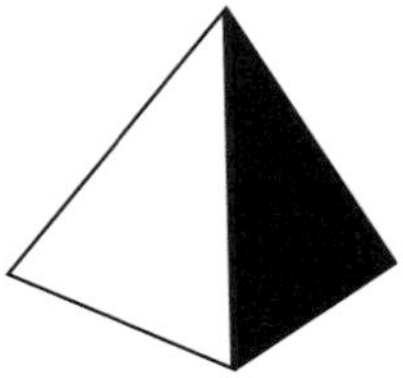

3數的代表標誌是三角形。3數擁有從1及2所生出的潛力，進而創造出更盡善盡美的事物。三角形是在有了點與線之後的第一種可能結構。在許多宗教裡，3數代表了靈性存在，例如在基督教，3數代表了聖父、聖子、聖靈三位一體，是權力與能量的極致會合。

個性特質

3數人看待世界有一套獨特的方式。3數人從事物表面的樣子來看事情，很在意形象與外觀，所以有些人會認為他們「膚淺」。被問到喜歡什麼，3數人毫不猶豫就會說出來，而且是很強烈的意見。他們也對於自己討厭的東西很有意見，這時他們的態度甚至會比說出自己的喜好時還要激烈。3數人面對人生的態度，很像被寵壞的小孩。

3數人的想法很簡單，不喜歡複雜。他們是理想主義者，對於什麼叫做美、流行或品味，感受都很敏銳。對他們來說，理想就是理想，被奉為真理，絕無妥協餘地。3數人絕對不接受批評，也絕不允許別人批評他們。假如有人質疑他們所認定的好壞，3數人會變得冥頑不靈。事實上，3數人可說是所有數字當中最頑固的一群。

這種固執可從3數人墜入愛河的方式得證。3數人對於什麼叫做完美的對象自有一套獨特的理想典範：應該多高、膚色與臉形應該如何、職業應該是什麼。一旦遇見了夢寐以求的理想對象，無論這段戀情有沒有機會成功，3數人立刻會陷入情網，無法自拔。而且他們決不罷手，就算是離了婚，或者從來沒有真正開始，他們始終一往情深。這種處境真是令人聽了都覺得傷心，可是3數人是那樣固執不肯放手，這註定了是條不歸路，也就難以得到幸福——除非他們遇到一個更符合他們理想的對象。

3數人是長袖善舞的社交動物，因為他們活潑有趣，喜歡逗人開心，常常能帶給大家歡樂。不過他們非常在意自己的打扮，因為他們認為別人會用外表來評判他們。3數人可說是所有數字裡面的花蝴蝶，天生擅於溝通，也非常需要和他人交流，只要是不牽扯到私人方面的話題，他們都聊得津津有味。3數人在從事創意工作時覺得最快樂。

人生課題

3數人的人生軌跡可以有兩種選擇。一種是壓抑自己的理想，只求取悅別人；久而久之，他們會失去自信，失去了對人生的期望，還覺得別人都對不起他。這往往使得3數人在年輕時健康就亮起紅燈。

另一種選擇是，努力發揮自己的天分，努力賺錢，實踐夢想，最後將會博得別人的喜愛。這時他們會發現新的理想與動力，而且往往會希望回饋那些在一路上提攜他們的人。

3數人的課題是有關完美的課題。世上沒有絕對的完美。3數人要懂得珍惜手中確實擁有的東西，好好把握機會，不管機會多小都不放過。學著享受日子裡實實在在的幸福，不要一味憧憬天邊的月亮。如實接受身邊人本來的樣子，不要一心期待別人變成自己想要的模樣。3數人必須悟出「在批評裡面藏著祝福」的道理，因為批評可以拓寬視野，使理想更實際可行。3數人還要克服內心總覺得自己不夠好的這種自我挑剔，否則夢想會更難以實現。

人生目標

3數人很像被寵壞的小孩，哭鬧著非要買街上櫥窗裡擺設的糖果，如果得不到手，他們就會耍脾氣；然而一旦得到、也嚐過了，發現也許不喜歡它，但好歹不會再哭鬧。所以，3數人的人生目標應該是這樣：接受自己的夢想，積極進取，竭盡所能去實現它。這夢想應該要包含發揮他們天賦的創造力。創造力是抒發情感和宣洩情緒的最有效方法，而3數人也的確需要藉此發洩。在發揮創意和追求目標的過程中，發現現實上的困難與限制，3數人才會成熟長大。

溝通之道

座右銘：「我知道我要什麼。」

3數人很有主見，凡事都有清楚的想法，而且不太能接受批評。想要和3數人達成良好的溝通，請切記他們的座右銘：「我知道我要什麼。」

首先，絕對不能直接指出他們的錯誤，必須先同意他們的意見。一句批評就足以讓3數人關上溝通的大門。必須認清楚3數人的理想是什麼，然後以一種能讓他們覺得他們的理想可以變更好的方式，婉轉把自己的想法表達出來。只要3數人相信我們不是要來改變他們原有的理想，他們就會放心聽取我們的建議。這項溝通任務不容易達成，需要運用巧思。有時候，先讓3數人得到他們想要的，我們才能要到想要的。

與3數人溝通的要點如下：

- 把他們當作被寵壞的小孩，只要靜靜聽，然後也許不必讓他們有求必應，但是至少給一點他們想要的東西。
- 永遠不要批評他們，先讓他們知道他們能得到自己想要的東西，然後再解釋方法。
- 他們會相信那些聽起來好到不能再好，而且簡直不真實的東西。
- 他們在乎別人怎麼看他們。形象是一切，通常他們喜歡時尚流行。
- 3數人在買東西時，價格高低完全不是問題。

天賦才能

3數人有好幾項才華。首先，他們是溝通高手，能讓別人更了解事實，接受真相。3數人用一種無形的方式為他們經手的一切帶來治療與激勵的效果。3數人擁有豐沛的創造力，能看出事物是什麼模樣，又應該如何呈現。這使得他們在創意工作上可以快速著手進行，尤其是在研判事物的外表看起來應該要是什麼樣子時，3數人的意見非常清楚。

3數人有一項奇怪的特質，就是他們常說自己根本沒有任何創意方面的才華。不知道為什麼，他們從來不覺得自己和別人不同；然而，如果注意觀察他們的穿著、髮型，甚至他們所選擇的合夥人及來往的朋友，就可略知他們的天賦。3數人在意自己的外表，就連選擇朋友也要找外型不錯的人——只有在「美」的方面具有天賦的人才會如此。所謂的創意才華並不只是指繪畫或素描等藝術活動，也指一種可以鑑別事物美醜，並知道該如何呈現它、如何改進它的才能，而這可以在生活的各個層面中展現。

著名的3數代表人物：影星約翰·韋恩。

生涯發展

舉凡需要運用溝通技巧及創造力的工作，無論是與人共事或獨立作業，都很適合3數人。適合的職業包括：音樂家、藝人、企業家、藝術家、作曲家、公關人員、銷售員，服裝設計師、室內設計師、建築師等。

健康之道

3數人會發現，只要他們擬定出可以朝理想前進的計畫，健康狀況就會變好。如果夢想在現階段還無法成為事業，通常他們只要先從嗜好著手即可。事實上，3數人一定要從事有關創意的活動，嗜好也好，幫朋友的忙也罷，否則不可能真正得到快樂與健康。但不管是因為有人為的因素介入或是自己太懶惰，假如3數人沒有能朝理想邁進，他們的健康就會變糟。萬一正是他們深愛的人不讓他們邁向理想，問題就大了；因為理想情人也是3數人的人生夢想計畫中的一環，要他們放棄夢寐以求的愛情談何容易。這樣的矛盾拉扯有時會造成無法彌補的障礙，使得3數人永遠快樂不起來。在所有的數字當中，3數人最容易成為最不快樂的人，而這也意謂著會是不健康的人。

命數3的天賦靈數組合類型

12／3　這些人非常特別，他們的長相看起來比實際年齡老成，並且具備了未經專業訓練就能輕鬆揮灑的特殊才華。因此有人說這些人是老靈魂，他們在前世就習得了這些才華，所以只要他們需要用到這些天賦，它們就會回應主人的召喚而來。也有人不相信這種說法，但是12／3的人確實是充滿創造力，也可以應付一切突如其來的挑戰。

39／12／3　這類型3數人的心智能力極強，藝術的才華洋溢，他們也必須用適切的管道充分發揮這兩方面的能力，否則健康會受到影響。這些人處理人際關係與解決問題都有其獨到之處，特別是在需要運用創意的時候。他們最大的問題在於不夠實際，往往要吃足苦頭才學得到教訓。他們也可能是3數人中最講究理想、最固執的一群，尤其是在感情方面執迷不悟，因為他們知道自己的能力所在，自認能解決任何難題，即便是不可能的任務也要一頭栽下去。

48／12／3　他們可能會是非常有威力的人。

有趣的 12

數字學的某些學派認為，命數不但能啟示人生課題，也透露了此生在輪迴裡處於哪一層級；而輪迴轉世的最後一段乃是第十二級。這種說法來自於為數字「12」所象徵的意義：完整圓滿。這種想法可能也受到了星座有十二個，一年有十二個月，一個音域有十二個音符的影響。在古代計時方式裡，一天有十二個時辰（一個時辰是兩個小時）。

另外，任何一個國曆的生日數字相加，所得總和最多不會超過十二，至少在未來的幾千年裡都是這樣。

他們的諸多才華可以結合得恰到好處，使他們成為卓越的領導者，並且能解決各種疑難雜症。他們的理想性和務實性調和得剛剛好。假如他們無法善加運用天賦才華，將會帶來巨大的內心衝突和鬱悶。他們需要立定遠大的目標，讓自己的天賦能有發揮的方向。

21／3　這類型的3數人生態度非常獨立。他們靠自己就很足夠，往往在年輕時候就擁有豐富的個人資源。他們有雙巧手，東西到了他們手上就是會變得更好看。通常他們的難題在於與別人的相處，因為他們很難找到既了解他們，又能與他們契合的人，因此不管友誼或愛情很容易就會關係緊繃。他們往往在愛情剛萌芽時努力表現出友善圓融的樣子，但一發現事情的發展不如預期時，這類人很快就會顯現出領導性格，變得非常獨立，幾乎像1數人。

30／3　這是最典型的3數性格。他們的理想色彩濃厚，也會展現任性孩子般的言行舉止。他們最大的問題在於他們看起來老是缺乏自信的樣子，彷彿覺得自己沒有能力。事實上，他們當然具備才華，但30／3是所有3數人裡面最不相信、也不接受自己擁有才華的人。對他們來說，屬於精神方面的磨鍊與洗禮，例如固定上教會或加入靈修團體，對他們會很有幫助。

3 數的連線：創意線／想像線

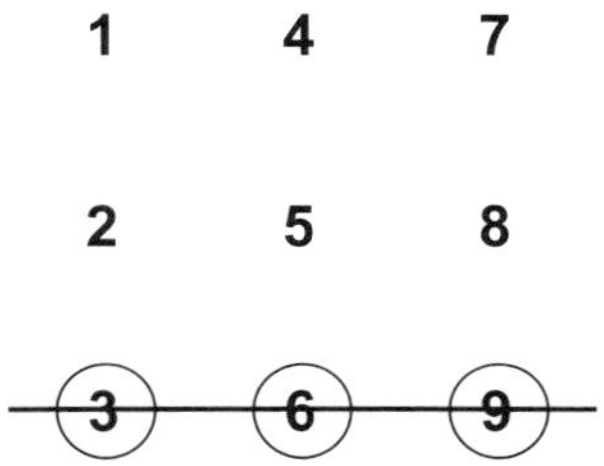

當命盤中出現了 3、6、9，就連成了這條線。這條連線的基本意義是：理想主義的思考及創造力（3），經過處理與個人化的調整後（6），就能提供服務（9）。

擁有這連線會讓人具備想要創造新事物的衝動，以及很能把事物具象化、概念化的能力。擁有這條連線的人，有的會完全生活在自己的夢幻天地中，所以這條連線也被稱為作夢線或太空人線。

擁有這條連線的人學習能力強，並且會花許多時間思考，但往往到了應該行動的時候還在空想。但他們喜歡活在理念的國度裡，比較不願面對真實世界；他們通常也不喜歡受到批評，因為那些批評可能會傷害他們的美好想像國。因此這條連線又被稱為任性小孩線。

擁有這條線的人，是開放而能接受新觀念的人，但萬一牽涉到他們改變理念，他們卻又是最固執的人。

4

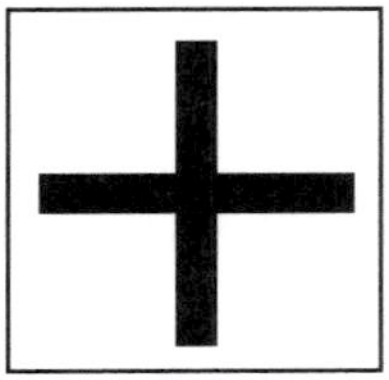

4數的代表標誌是正方形。正方形是穩定而堅固的四面牆建物的基礎結構。

此外，十字架也代表4數；基督教的本質非常類似4數所象徵的意義，它要求保守的言行舉止、誠實的態度、值得倚靠、全然的信服，以及提供來生的信靠。

個性特質

4數人的安全感意識非常強烈。他們無論做什麼事都必須覺得有安全感，這種特質使得他們馬上能知道該採取哪些措施以確保安全。在組織規劃和建構事物方面的能力比誰都強——當然，那是在他們真正願意用心的時候。

如果有一個想法出現，4數人知道如何讓它更完備。4數人生來不以創造力出名——這是就狹義的創意定義來說，但他們能夠改善事物，這是非常有力的天分，因為他們不需要耗費時間從零開始、從無到有去發明東西，只需要從既存的東西中做出選擇，就能做到別人所不能及的效能。所以4數人是天生的建設好手，因為建設正是一種建立安全感的方法。這種建設與構築的才華，加上不愛冒險的特性，使得4數人喜歡受僱於人，而不想自己當老闆。

4數人這種害怕冒險的特質，影響到生活的諸多層面。除了不願創業以規避重大風險之外，4數人也不喜歡單打獨鬥，他們希望維繫友誼，常會想辦法呼朋引伴。他們相信那句老話：「人多好辦事。」有些4數人不肯單獨旅行，寧可付錢請朋友同行。

4數人不喜歡改變。不管是搬家、分手、離婚，甚至換一家餐廳吃飯，他們都會頑強抗拒。這種特質表現在他們面對新觀念的態度：他們絕不輕易相信事情。想取信於4數人，並讓他們接受新想法，有兩個必要條件，一是證據確鑿；二是給他們充分的時間親自檢驗一切正確無誤。但同樣的，一旦他們相信了，他們就會全力捍衛自己所信服的事理，不輕言改變。當4數人受到了挑戰與質疑，他們會高度自我防衛，異常固執。

人生課題

4數人的人生軌跡可以有兩種選擇。一種是藉由物質、金錢、愛情等等外物來攫取安全感。但物質能提供的安全感有其極限，假如不向內探索自己有哪些潛力，最後會徒然感嘆人世間沒有什麼能提供安全感。然而，真正的安全感只能從內在自我而來，從相信自己和發展自己的天分與信心而來，因為那是絕對無法被奪走的。

另一種人生選擇是傾全力構建自己的安全感。許多超級富豪都是4數人，例如比爾・蓋茲。只要眼光不失焦，認清楚人生安全感的真正來源在於發展自己的天賦才華，4數人絕對能擁有穩定富足的人生。

4數人必須學著更願意承擔風險，更願意接受改變。學著期待改變的發生，並把改變當作個人成長的契機。若沒有開放的心胸，不願意放膽嘗試新事物，就無法進步成長。唯有成長和發展自己的才華，才能讓4數人找到生命中真正的安全感。

人生目標

4數人一輩子都在為自己和別人建立安全感，這包括經濟面與情感面的安全感。4數人需要一直有人在旁作伴，並且維持長久的愛情。4數人常常是家裡的重心，而家人也都知道他們是可信靠的。4數人只要覺得感情上有了安全感，就會把焦點移轉到確保經濟上的安全無虞，但這很自然會造成感情關係的壓力，甚至有瓦解的危險。到了這種時候，一般人多半會選擇分手，但4數人硬是不肯分開，怎樣都無法接受分手這種想法，即便沒有感覺了也要苦苦守住關係。4數人假如想擁有真正的快樂，必須在營造外在安全感的同時，也建立自己內心的安全感，這會有助於他們把改變看作是邁向更好人生的必經之路。

溝通之道

座右銘：「眼見爲憑。」

4數人一生的奮鬥都是為了尋找安全感；一旦他們找到了安全感，就會死守著不放，絕不願改變。和4數人溝通時請記住他們的座右銘：「眼見為憑。」

要讓4數人接受我們的想法，必須拿出白紙黑字的數據證明我們的觀點，要說明為什麼我們的觀點更可以保障他們的安全，而且最好採用專業人士的口吻與他們說話。如果不用這些步驟，會發覺自己在對牛彈琴。跟4數人爭辯，就算說破了嘴皮也無濟於事，不如省點力氣，花時間做研究，蒐集具體數據來證明給他們看。

與4數人溝通的要點如下：

- 把他們當成經歷過一場空難而死裡逃生的人。
- 讓他們知道為什麼事情不會改變。
- 必須用具體證據向他們說明你的觀點。
- 不要轉移主題或模糊焦點。
- 4數人買東西時很在意價格，除非有科學研究作為證據。

天賦才能

4數人天生具備讓事物更安全而穩當的能力。和4數人在一起很舒服而安全，覺得他們是誠實而值得信賴的人。因此4數人非常適合從事任何必須講究信用與可靠、注重安全的行業，例如保險業、銀行、證券金融業、醫療業等。

4數人能如實看見事物的樣貌，實事求是，這使得他們能從事重複性高、別人也許覺得枯燥的工作。假如發生了問題，4數人不但能想出解決之道，還能設法防患未然，避免重蹈覆轍。4數人善於製作出堅實牢靠兼高品質的產品。

4數人不是常常能冒出點子的創意人才，但他們很有本事改進別人的構想，使它精益求精，而通常這種改良後的產品都能申請到專利，因此4數人很容易成為發明家。他們能夠讓事物運作得更有效、更安穩、更順暢。

著名的4數代表人物包括：企業家比爾・蓋茲及演員阿諾・史瓦辛格。

生涯發展

4數人能與團隊合作愉快，非常適合從事講求規律的工作。適合的行業包括：銀行金融業、工程營造、農業、電腦業、研究調查、食品業、醫事檢驗；職業包括：電腦軟體工程師、廚師、運動員、經理人、推銷員、警察、軍人。

健康之道

4數人會發現，如果他們找到了安全感的寄託，例如一份好工作或是一個溫柔體貼的好情人，他們就會很健康；萬一這個安全感的來源消失了，他們的健康也會跟著變糟。問題是，世上本來就沒有什麼真正安全不變的東西，任何事物今天看來穩若磐石，但誰也不能保證明天會如何。為了健康著想，4數人必須學會他們的人生課題，選擇正確的人生目標，在建立外在安全感的同時，也要在自己身上找到真正的安全感。

命數4的天賦靈數組合類型

純粹的4　西元二〇〇〇年後，第一個單純的4數人出生了。例如出生於二〇〇〇年一月一日的人，相加的總和是4，沒有靈數，只有命數4。前述對4數人的描述在這些人身上都能成立。

22／4　這是個「卓越數」（參見第81頁）。剛認識22／4的人時，覺得他們親切友善。他們的感情是出自真心誠意，但不是完全沒有目的，因為他們確實是想從別人身上得到一些東西。因為他們需要安全感，願意採取任何手段來獲得金錢、感情、健康等各種形式的安全感。他們主要的障礙是目標太遠，理想過高，需要長時間才可能看到一點成果，但他們會因為感情用事而阻礙成功。他們的某些夢想，會以付出感情債為代價才有可能實現。

13／4和31／4　這類的4數人很有創意，表面上看來很獨立。他們工作勤奮，並且多才多藝。他們很獨特，創造力豐富，永遠要求自己行事穩當合宜。然而，他們內心深處相當脆弱，依賴心很重。他們要求凡事都要穩當牢靠，但同時又想嘗試新事物，這兩者的矛盾帶給他們不少困擾，因為事情實在很難兩全其美。

40／4　這是最典型的4數人。他們心思單純，有一種近乎神奇的本領可以就事論事，而且不時展現令人驚豔的創造才華。這些人可以看穿情勢背後的本質，並且能快速整理出解決方案。其實，許多型態的創作不過就是以全新的方式看待事物。對於人生的夢想，這些人幾乎沒有內在衝突，而且絕不輕易妥協，因此如果他們的夢想是不切實際的目標，他們就會變得極不快樂又非常寂寞。

4 數的連線：安全線／錢財線

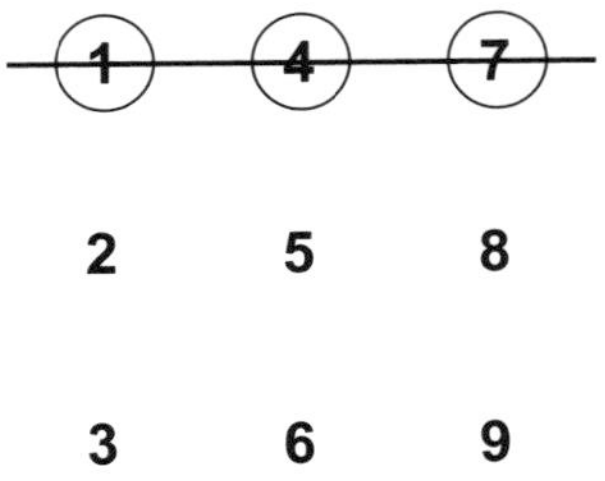

當命盤中出現了 1、4、7，就連成了這條線。這條線的基本意義是：原始能量（1）穩定之後，經過整理（4）就不會輕易動搖，除非有具體的事實證明（7）。

擁有這條連線會使人專注於追求生活裡的穩定感和金錢上的安全感。擁有這條線的人，有的會走極端，把金錢當成人生最重要的東西，所以這條連線又叫拜金線。

這條連線會使人渴望藉由財富來獲得安全感，此外，這條連線還有更大的力量：它能帶來精力與勇氣，讓人敢於衝鋒陷陣，開拓新事物。

這條連線也會使人極為務實。若有朋友擁有這條連線，可以確定他會是長久的朋友。這條連線也讓人喜歡穩定規律，不喜變化。

5

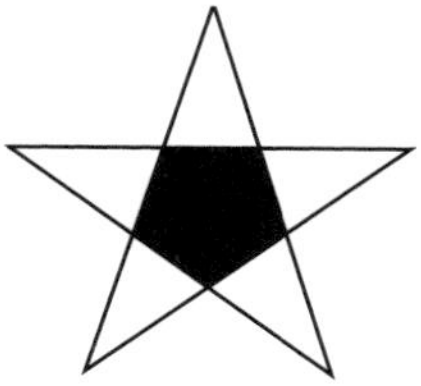

5數的代表標誌是五角的星形。星星象徵潛力，以及實現夢想的力量（所以星星常常被用在魔術表演中）。回想一下，在想事情時隨手亂畫，或是覺得無聊時，甚至是希望事情能有所進展時，往往就順手畫出這個五角星符號。

這顆星的基本造型是五角形，象徵自由（例如美國的五角大廈）。它也畫出了人的基本形狀：頭在上，兩手平伸在側，雙腳在下；所以5數是最富人性的數字。先要有自由，才談得上追求快樂幸福。自由也是使得人類歷史中不斷出現爭戰的根本原因。

個性特質

5數人對於任何侵犯了他們自由的事物都非常敏感。他們痛恨任何形式的限制或束縛，並且會起而抗爭。5數人跟別人溝通時，他們不只是講話，還會在心裡同時衡量所說的每一句話對他們的個人自由會造成什麼影響。如果對他們加以限制，就算不是故意設下的限制，他們也會發火，予以反擊。5數人對於別人的自由也很在意，所以如果遇到嚴重的情況，他們也會挺身而出，為別人爭取權益。

5數人能言善道。他們口齒伶俐，擅於表達，因此很容易博得別人的信任與支持。5數人也很容易相處，能得到大部分人的喜歡。口才一流加上易於取得好感，這兩者的結合使得5數人成為溝通高手，特別適合從事銷售或進入大眾傳播媒體和政治圈。

此外，5數人在傳達訊息的時候非常清晰簡潔，把這特質運用在政界及商場就很能獲得別人的信任，這就為他們創造了許多機會，帶來好處。5數人有時候可能會耍詐，這時假如用到了溝通長才，往往能讓5數人快速致富。5數人個性中有趣的一面是，雖說他們不是名人，卻不知為何會自以為是公眾人物，而覺得別人總是在打量他們。

至於在情場上，5數人的熱愛自由就是大麻煩了。他們和大家一樣需要愛情，但是他們又希望能保有自由。5數人期望的愛情是各自擁有自由的空間，不要相互依賴。但是能有那種自信又能讓他們擁有那般自由的人並不多，因此5數人常覺得單身比較輕鬆，況且5數人並不喜歡被責任壓著的感覺。

5數人的感官很發達，也喜歡利用這五種感官嘗試各種新鮮事物，而且喜愛的程度往往令人咋舌。因此他們天生挑嘴，這種偏愛美食及熱衷於官能世界的結果，使得他們往往會樂極生悲，例如暴飲暴食、工作過度、運動過量等。

5數人喜歡變化，而且會不惜一切要維持多彩多姿的生活，四處嘗鮮、結交朋友、學習新事物、旅行、多方閱讀。

人生課題

5數人的人生軌跡可以有兩個選擇。一是毫無目標，就這樣隨遇而安，假裝無憂無慮但其實內心不快樂。這是因為他們越是想擺脫束縛，逃避承諾，就愈不容易做到。最後往往落得困頓愁苦，抱怨連連。

另一種選擇則是專心鎖定目標，追求事業成功；但壓力會集中在他們的愛情，最後不得不在事業或愛情之間做出抉擇。如果選擇了愛情，可能會失去事業，而最後連愛情也不保，因為他們的性格本來就不擅於處理這些。所以，5數人不可以放棄他們擁有工作的自由，必須想辦法在愛情與工作之間取得平衡，一方面努力工作，同時兼顧生活。

5數人缺乏勇氣。他們知道自己要什麼，但總是裹足不前，甚至在最後關頭退縮，他們絕對不是「越挫越勇」的人。一旦挑戰當前，問題臨頭，5數人常常選擇逃避，這意謂著他們會錯失許多讓美夢成真的機會，使得自己更無法跳脫受到限制的生活，這更壓縮了自由的空間——這絕不是他們想要的人生。

5數人為什麼缺乏勇氣？因為一旦做出決定就表示要放棄其他的選項，放棄某些自由，而那是5數人最不願意的事。然而，越是保留著其他可能性，就越是讓自己陷在猶豫不決的泥淖裡，完全無法前進。不管想成就任何事情都必須專注、有所選擇及承諾。5數人必須學習的功課是：唯有透過責任與犧牲，目標才可能實現。

人生目標

很多5數人畢生在追求自己的自由，其中又以工作為一大重點，因為工作可以帶來收入，讓他們有機會每天都享有一些自由的時間。理想上，需要談話、溝通及工作時間很有彈性的行業最適合5數人。

雖然5數人善於談判做成生意，而他們也覺得做生意很有趣，但5數人很少願意擔當經營事業的重責大任。另外，5數人交往的對象也不是那種倚賴心較重的人，這樣他們才能保有較多的自由空間，所以他們的愛情關係比較像朋友關係而不像情侶。

5數人常常需要閱讀、聆聽、觀察、品嘗並學習新事物，這些心智上的養分可以刺激5數人的精神生活，成為推動他們完成人生計畫的重要勇氣來源。

溝通之道

座右銘：「再看看吧。」

5數人是溝通高手。記住，在溝通時不要直接挑戰5數人，因為根本說不過他們。和5數人爭辯，多半得甘拜下風。

與5數人溝通的唯一方法是記住他們的座右銘：「再看看吧。」5數人一向躲避承諾，他們一切順其自然，看看事情自己會發展成什麼情況再說。和5數人溝通時，務必讓他們覺得我們並不在乎事情的結果，只要基本立場不受到折損就行。必須讓他們明白為何我們的觀點公平合理，而我們只不過是在使用基本的發言權利罷了。如果可能，最好也解釋清楚，為什麼我們的主張能夠保護他們不被別人操控與擺佈。

與5數人溝通的要點如下：

- 把他們當成越獄潛逃的人。
- 永遠不要逼他們做出承諾；讓他們知道可以因為做出承諾而有更多的選擇。
- 絕對不要限制或壓迫他們。
- 提供他們新奇有趣的事物及訊息。
- 他們痛惡不平等的待遇或是不公義。
- 5數會在乎價格，除非付款方式很有彈性。

天賦才能

5數人很善於應付三教九流的人，不但能與所有人溝通順暢，還能使對方言聽計從，這是其他數字的人不容易做到的地方。5數人很風趣，也很喜歡學習新知，再加上口才一流，所以很多人喜歡跟他們相處，而5數人在團隊裡的合作向來輕鬆愉快。5數人也擅於處理人與人之間的應酬交際，雖然他們並不喜歡人性裡面的這個部分。

5數人樂於與人交談，並在談笑間輕鬆說服別人，因而非常適合銷售推廣。他們也很懂得心理諮商，尤其擅長教導別人如何有效掌握人生。

5數人天生具有市場嗅覺，善於觀察社會的整體趨勢走向，並且有寫作的天分。他們喜歡以不受契約約束的工作形態自由接工作，很容易與傳播媒體打交道。他們很關心與平等、自由、政治有關的議題，因此很能在這些範疇裡面表現優秀。

生涯發展

5數人可以適應團隊生活，但一定要保有相當程度的自由。他們的工作需要自行設定工作流程，並以自己的節奏進行。適合的行業包括：業務銷售、娛樂產業、各種獨立工作室、廣告業、政治圈、餐飲業、旅遊業、媒體公關業；職業包括：明星、記者、設計師、藝術家、ＤＪ、翻譯等。

著名的5數代表人物包括：第十六任美國總統林肯及美國影星安潔莉娜·裘莉。

健康之道

5數人會發現，擁有的自由越多，身體會越健康。一旦別人開始對5數人設限管制，加以束縛，5數人的健康會開始出狀況。問題是，如果他們想奪回自由，又必須鼓起相當大的勇氣。所以，5數人維持健康的方法就是坦率誠實地面對親密愛人，當然這也是需要勇氣的。5數人在選擇事業與愛情時，都應該找能夠讓自己擁有充分自由的方式與對象。

命數5的天賦靈數組合類型

純粹的5　西元二〇〇〇年後，第一個單純的5數人出生了。例如出生於二〇〇〇年一月二日的人，加總的數字是5，沒有靈數，只有命數5。前述對5數人的描述在這些人身上都能成立。

14／5　剛認識這類型的5數人時，會覺得他們好像非常獨立而穩健，把工作託付給他們應該可以安心。唯一的問題是他們往往太過保守，缺乏主動積極的勇氣，除非身邊有人鼓勵，或者後勤支援夠強大。這些人不喜歡獨處，但如果真的被推舉出來帶領大家，他們倒也會勇往直前。

23／5　初認識這類型的5數人，覺得他們溫暖而友善，個性溫和，感情豐富。然而更進一步了解之後，會發現他們其實相當主觀，而且不願意改變，會讓認為5數人隨和友善好相處的人大為訝異。這種固執不肯變通的強硬性格會為23／5的人際關係製造不少的問題，通常親密關係很難持久，此外他們自己製造出來的距離也會使得朋友無法親近。

32／5　這類型的5數人具備濃厚的理想主義性格，似乎也很清楚自己的理想是什麼。他們處理事情確實很有概念也很有理想。有趣的是，一旦他們感情用事時，理想就會跟著扭曲，造成他們的混亂和挫折。這時他們試圖扮演一個違反本性的角色，放棄了自由，過得極不快樂。若想打破這樣的困境，32／5的人必須徹頭徹尾的改變，痛下決心，而這就考驗著他們有沒有勇氣。

41／5　這類的人很實際，別人會以為他們並不是真的需要自由，而是需要安全感。他們平易近人，好相處，但他們的問題出在愛情關係上。這類人需要的是濃烈緊密的愛情，但當真得到了這種愛情，他們又會覺得失去了自由，因而出現內心衝突。一旦別人變得太過依賴他們時，他們就會變臉，把那個黏過來的人推開。這種個性不利於維繫長久的關係，但挺適合當政治人物和領導者。

5 數的連線：事業線／自由線

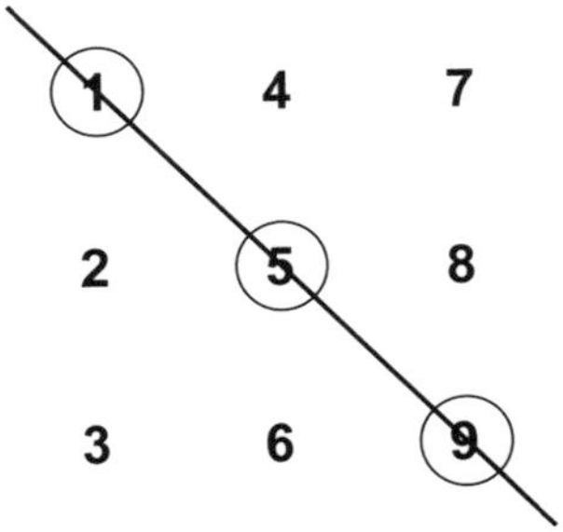

當命盤中出現了 1、5、9，就連成了這條線。這條連線的基本意義是:原始能量（1）經過凝聚和闡釋後（5），能夠提供服務（9）。

這條連線會使人擁有強烈的企圖心想要擁有自己的獨立事業，或是自創一套賺錢謀生之道。命盤中有這條連線的人假如不工作會很不快樂，甚至會有罪惡感。所以這條連線也叫做工作狂線。

換個角度來說，沒有這條連線的人不覺得非要有自己的事業不可，而且就算無法完全掌控人生中的大小事也沒關係。

6

6數的代表標誌是一個六角星形，常被稱爲「大衛王之星」（Star of David）。

此外，佛教所用的「卍」字符號也可以代表6數。這兩個標誌都象徵護持、療癒、自我犧牲、是非與正邪的觀念、擁有良心良知，以及慈悲爲懷。

個性特質

6數人出於本能就想修補東西和解決問題，範圍從修車到醫治別人無所不包。如果是機械的東西出了狀況，擁有這種天分就很管用，但萬一出問題的是「人」，這時6數人反而會惹來麻煩。

6數人天生善於分析，而且十分敏感，對旁人的痛苦頗能感同身受，但有時也因感受太過強烈而使自己陷入別人的問題中，就算根本不關自己的事也非常想解決問題。6數人會全面付出，毫無限度，最後往往換來了犧牲自己的昂貴代價。他們敢於扛下責任，即使那責任超出了他們能力範圍，即使那不是他們的責任。

這種想要修補事物的性格傾向，使得6數人總是會被有問題的人吸引——但有時候說不定說是有問題的人對6數人比較有興趣。為何會這樣？主要是因為6數人必須感覺到被別人需要。當6數人擔起責任為別人解決問題的時候，他們並不是不求回報的；他們會希望對方感激他們，並用愛回報他們。6數人就是靠這種感覺維生，這會讓6數人覺得快樂與健康。

很多人常批評6數人，並且不能理解為何他們要如此自我犧牲。是因為他們在孩提時期沒有得到足夠的愛？是因為他們缺乏自信嗎？為什麼他們非要和有問題的人在一起呢？難道他們不夠優秀，配不上健康的人嗎？都不是。他們只是藉由幫助別人來取得被需要的感覺罷了。被需要的感覺是6數人的生命力補給，讓他們覺得人生不虛此行。

人生課題

6數人的人生軌跡可以有兩種不同的選擇。

第一種：依循天性傾向引來有問題的人，例如有問題的戀愛對象或是不健康的同事關係。不花心思照顧自己，反而不斷為他人付出，直到自己精疲力竭，賠上健康。這時他們必須面臨的挑戰就變成了照顧自己，或是步入死亡。許多6數人曾經嘗試自殺，有些則因為看不到解脫之道而承受著心理問題及生理疾病的磨難。

另一種選擇是，在解決別人的問題的同時不忘自己；要在施與受之間取得平衡，儘管不容易拿捏，但至少努力後能有些回報。

6數人必須學會先解決自己的問題，再去解決別人的問題。他們應該要等別人開口請求之後才伸出援手，並且要在自己所能負擔的範圍內，不管是情感上、體力上或財務上。6數人務必謹記人人都該為自己的人生負責，不該由6數人全數承擔；幫助別人解決問題有時候其實是剝奪了別人學習與成長的機會。6數人要學習硬起心腸，不必覺得那些把自己的人生弄得一塌糊塗的人可憐。6數人應學著說：「不！」甚至不妨學著自私一點。

人生目標

6數人一生都想要修理東西、解決問題、治療，以及鼓勵別人開創美好人生。因此他們的人生目標應該是全力發揮這些天賦，最好是經由職場工作、社會志工或是宗教組織來付出。而他們的挑戰永遠是：別熱心過頭。假如很願意超出合理範圍多付出一些，也要先做好心理準備，別人不見得會感激他們的付出。很多人看到6數人的轉變會大感震驚，因為他們頭幾年那麼慈悲善良，任勞任怨，但驟然變為自私——通常這是6數人正在學習他們人生課題的徵兆。歷經多年的不被感激，6數人終於鼓起勇氣說，「夠了，到此為止，我不是奴隸，我也是人，我也有需求。」6數人越早學會自己的功課並落實在生活中，就越能創造健康快樂的人生。

溝通之道

座右銘：「沒辦法說不。」

6數人總是很容易就自告奮勇要承擔責任，希望所有的努力都能得到別人的肯定，並有所回報。想和6數人有良好的溝通，必須讓他們覺得是真心感激他們的付出，讓他們感覺別人非常需要他們，並提供他們建議，讓成果更圓滿。務必記住6數人的座右銘：「沒辦法說不。」和6數人溝通時，不能叫他們怎麼做，因為6數人覺得他們比其他人能幹；

只能請他們協助一起突破更大的成就。只要讓6數人覺得被需要，他們什麼都會答應。

與6數人溝通的要點如下：

- 把他們當成負責濟弱扶貧的傳教士。
- 他們必須覺得被別人需要。
- 他們關心別人更勝於照顧自己。
- 他們需要得到關注與尊重。
- 對於6數人來說，價格不是問題，只要產品也能讓別人都受惠。

天賦才能

6數人天生懂得照顧別人、修繕事物及解決問題。他們很快就能釐清事情哪裡出了錯，也知道該採取哪些步驟來解決問題。各種關於修繕與治療的藝術都難不倒6數人。

6數人能夠給人一種安全感，覺得每件事都會被打點妥當。他們待人接物的態度，套用醫界常見的話來形容就是「視病如親」。此外，6數人的想像力也很豐富，創新的點子也不少。儘管6數人容易對人付出過多，但他們都是出於真心誠意，這也使得6數人能勝任各種服務性質的工作。

著名的6數代表人物包括：物理學家愛因斯坦、演員勞勃．狄尼諾。

生涯發展

6數人和別人合作愉快，並且需要覺得別人需要他。適合的職業包括：醫生、心理分析師、顧問、演奏家、作曲家、藝術家、傳教士、公關、建築師、廚師、哲學家、教師。

健康之道

通常如果6數人能忙於解決問題、照顧別人或被人需要，他們的健康就比較沒問題；然而，如果別人要求他們付出太多卻沒有特別感激他們，就會使6數人在精神、情感、心理與身體各個層面感到疲憊，健康崩盤。若不想掉入這樣的黑洞，6數人必須先照顧好自己的基本需求。在對別人伸出援手之前，6數人必須先解決自己的問題，先為自己營造健康平衡的生活。6數人並不喜歡獨處，因此這項照顧自己的功課就變得相當艱鉅，因為也許有一天他們必須下定決心離婚，或是離開那些習慣佔他們便宜的朋友。

命數6的天賦靈數組合類型

純粹的6　西元二〇〇〇年後，第一個單純的6數人出生了。例如出生於二〇〇〇年一月三日的人，這些數字的總和是6，沒有靈數，只有命數6。前述對6數人的描述在這些人身上都能成立。

15／6　這是所有6數人裡面最健康的組合。他們願意承擔責任，但是又清楚知道責任是否過重，或者那是不是他們的責任——這要感謝5數所發揮的力量。這類型的6數人非常獨立，無論做什麼事都需要有自由的空間。他們的問題會發生在他們發現某個情況確實很需要他們的幫忙，這時他們內心會天人交戰，煎熬掙扎，既想伸出援手，又不願意別人太過倚賴他。

24／6　這是在第一次見面時別人覺得最和藹可親的6數人。他們很擅於處理人際關係，也不介意為別人承擔責任。如果別人對他們的付出與幫忙毫無反應，這類型的6數人不會直接站出來說出內心的真實感受，說他們覺得被別人利用了。他們會展現出烈士的姿態，到最後以難過和失望收場；有時他們寧可獨自面對，儘管這根本違反他們的天性。這類人真的需要為自己挺身而出，找回自己生命的主導權：好好學習6數的人生課題。

33／6　這是個「卓越數」（參見第81頁）。這類型的6數人擁有異常優秀的創造力，但可惜他們通常必須先做出重大的人生抉擇和犧牲，才能夠順利發展他們的天賦潛能。這樣的抉擇尤其會在夾雜了感情因素時顯得困難重重，因為他們總是承擔了過多的責任。這些人必須認清楚，無論如何一定要努力施展自己的才華，否則人生永無快樂可言。這類型6數人不夠實際，是超級理想主義者，而且不太能接受批評。

42／6　這類型的6數人最實際。他們喜歡交朋友，重感情，並且極富同情心。為了討別人歡心，他們常常像變色龍一樣改變自己；當然，這就包括相當程度的自我犧牲。這類型6數人的朋友很多，但真正了解他們內心的朋友寥寥無幾。

6 數的連線：秩序線／治療線

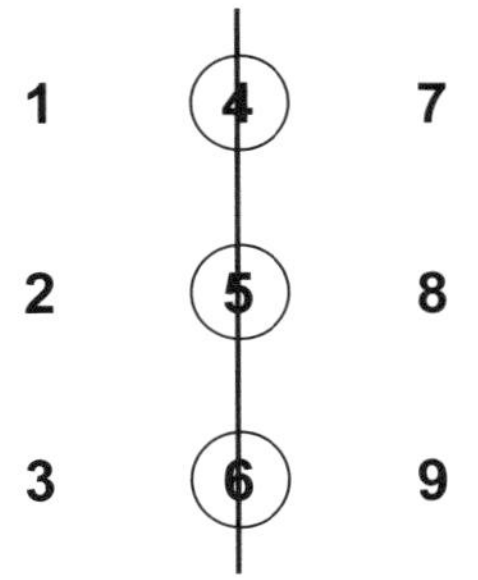

當命盤中出現了 4、5、6，就連成了這條線。這條連線的基本意義是：安全穩定的力量（4）在經過凝聚和闡釋後（5），可以提供解決辦法和治療效果（6）。

擁有這條連線的人，會渴望知道事物的運作方式與原理，使得他們因而善於修理東西，解決問題。

這條連線也賦予人組織能力，確保品質和乾淨。有時候，擁有這條連線的人實在太愛乾淨了，所以這條連線有時被戲稱為潔癖線。

7

7數在自然界經常出現：彩虹有7個顏色，音樂有7度基本音階，人體的細胞每7年自動更新一次。7數一直有一種靈性上的意涵，例如所謂的「七重天」和「幸運數字7」等。7數代表靈性，以及對眞理的熱愛。

個性特質

7數人天生好奇。他們不看事物的表面價值，卻喜歡不斷發問，探究事情背後的真相。他們觀察入微，能發現錯誤所在。在所有的數字當中，7數人可能是最講邏輯的，因為他們的思考基礎都根基於他們確知的事實真相上。他們不那麼有理想，有時相當吹毛求疵。

7數人樂於與人相處，但他們也常需要時間獨處以韜光養晦，重新充電。有些7數人太過於自得其樂，導致愛情關係中出現摩擦。7數人的另一半可能會納悶為何他們需要如此多的獨處時間。但他們只不過是把時間拿來隱遁一下而已，7數人的需要時間獨處，再加上天生對宗教、哲學等形而上思想饒有興趣，導致有些7數人甚至考慮要遁入空門。

7數人的思考大多出自黑白分明的角度。他們是邏輯取向的人，能快速分析情勢，常可從務實的考量做出決定。但萬一事情是和感情有關時，就會顯出7數人的自私和冷酷無情。然而，儘管7數人有時確實冰冷而實際，他們也有富含人道精神的一面，願意助人，而且不求回報。

此外，7數人很有趣的是，他們的特立獨行，在人群中一眼就認得出來。7數人會有自己獨特風格的穿著，也很容易結交朋友，可能正是這個原因，有人說7數在所有數字中擁有最佳的人際關係。

也許正因為7數人廣結善緣，因此他們也是所有數字中運氣最好的一群。有些研究數字學的人認為，7數人的好運氣是因為數字7本就是個完美的數字，也是上帝的數字，因為它是第一個奇數與偶數3＋4（以前的數字學學者認為1和2不是真正的數字）相加所得的數字。

7數人的運氣既是好事，也是壞事——它幫助7數人在任何方面都能實現願望，達到目的，即便那是違法的行為。然而，運氣總有用盡的一天，到時就得付出代價了。看看有哪些人是著名的7數人就能了解箇中意涵。

7數人的好運可以讓他們比別人早一點成功，也比較容易成功；但也由於7數人在年輕時候就習慣了這樣的好運道，於是養成了懶散的一面。因為他們總是期待事情都能自然迎刃而解，成功會從天上掉下來，因此經常錯失良機，延遲了理想的實現。

人生課題

7數人的人生軌跡可以有兩種選擇。一種是輕鬆平凡走完一生，不必太努力，反正遇到瓶頸或麻煩，總有幸運之神眷顧，反正問題都會解決。但好運總有用完的一天，7數人遲早必須面對現實，了解「一分耕耘，一分收穫」的道理，唯有面對真相、勤奮務實才是正途。在情感關係方面也有同樣問題。由於7數人一向疏懶，總是接受得多、付出得少，最後終將失去激情。如果7數人在這時候願意面對現實，馬上扭轉局勢，那麼未來仍然看好。否則，7數人會變得極不快樂，甚至可能藉犯罪行為尋求解脫。

另一種選擇是，早一點認識到努力的重要性，勤奮認真，那麼一有機會上門，就可上前迎接，運用天生的優異分析能力，在事業與愛情中掌握各種變化，並讓關係保持健康平衡。萬一事與願違，7數人會非常難以承受失敗的結果，因為他們非常不願意做出諸如轉行或離婚這樣重大的決定。他們做出決定的過程漫長而艱辛，不過7數人一旦做了決定，他們通常都徹頭徹尾想通了。

但要7數人做出決定實在不是簡單的事。一來因為他們注意到太多的細節與事實；二來，即便看清了事情真相，但有時他們仍然不願意接受現實。7數人常常會像鴕鳥一樣把頭埋進沙裡。7數人一定要知道：假如不面對現實，事情可不會自動消失，卻可能會愈演愈烈，終至難以收拾的地步——這個課題，7數人應該及早學會，罔顧現實到頭來必會導致悲劇，而且人會變得不健康、不快樂。

人生目標

7數人應該保持天生的好奇心與求知慾，不斷分析質疑周遭的大小事。他們應該保持開放的心胸，勇於嘗試新事物，認識新朋友，與人分享新觀念，並在心靈層次修持精進。7數人很需要一方面擁有可以一個人去發揮特質、追求心智成長的自由，另一面又能夠建立穩定的事業與愛情關係。許多7數人窮其一生想不透自己的人生到底出了什麼差錯，總覺得自己被環境困住，始終對現狀感到無奈。想要活得快樂踏實，7數人必須先接受事實的真相，面對問題，採取適切的行動解決它。

溝通之道

座右銘：「眞的嗎？」

7數人天生愛追根究底，喜歡藉不斷發問來探詢事情的真相，這使得他們的個性開放大方。問題會發生在和7數人溝通時，當別人直接說出自己的想法，他們會質疑、挑戰。如果對方沒有準備好，7數人會馬上關起溝通的大門；對方若是有備而來，能夠舉證說明自己所言不虛，接下來將會面對更嚴苛的難題：也許要告訴7數人一些他們根本不想知道的事實，而溝通也會就此打住。

7數人的人生課題就是接受真相。如果直接告訴他們事實真相，他們覺得受到了威脅，會被嚇跑。所以，和7數人溝通時要記住他們的座右銘：「真的嗎？」

與7數人討論事情時，先別急著證明自己是對的，而要用點外交手腕：只需要提出疑問，表示我們還沒有定見，也還不明瞭確實的真相，這可以讓7數人覺得他們也參與了分析，並有所貢獻。要向他們呈現自己的觀點時，要用「事情可能是怎樣」的方式而不是「事情就是這樣」的方式來表達，然後在結論呼之欲出時打住。如此一來，7數人會開始動腦思考，而且很快就會找到答案——結果他們不僅同意我們的觀點，也許還能指點一些我們沒注意到的細節呢。

與7數人溝通的要點如下：

- 把他們當成必須在限期之前完成研究任務的航太科學家。
- 他們必須知道細節，而質疑也必須立刻得到回覆。
- 他們必須確定他們可以掌控更多情勢。
- 永遠不要催促或逼迫他們採取行動，必須等他們自己做出決定。
- 價格對7數人來說不是問題，只要品質夠實在。

天賦才能

7數人天生是評論家。他們的好奇心很重。他們也是天生的哲學家、研究者。由於7數人有一點懶散，所以喜歡從事有組織、有系統的事情，這些事可以讓他們的理念立即實現。另外，錯綜複雜的事物也能引發7數人的興趣。

7數人能一眼看穿事情的問題所在，因為他們對品質的概念非常先進，而他們從來無懼於說出誠實的意見，這對於經不起批評的人來說不免難以消受。7數人不介意是不是獨自工作，事實上，他們往往寧願一個人獨立行事。7數人有一股天生的魅力，可以誘發別人最好的一面，這也使得7數人非常適合在與社交、政治及銷售有關的工作方面發揮。

著名的7數代表人物包括：華裔武術家李小龍、美國影星瑪麗蓮·夢露、前美國總統甘迺迪。

生涯發展

7數人必須從事需要思考的工作。適合的行業包括：研究調查、電腦3C科技業、廣告業、市場行銷公關產業；職業包括：設計師、醫生、教師、哲學家、心理分析師、偵探及律師。

健康之道

7數人會發現，當他們的生活受制於各種限制與壓力，或者環境不允許他們提出質疑的時候，他們的健康會變糟；但他們在做研究和學習新事物的時候，健康狀況會變好。假如想要過這種健康的生活，他們必須選對行業和感情對象。7數人對於愛情的要求十分特別。7數人不是那種愛得黏膩濃烈的類型，而是浪漫的哲學家。7數人在愛情課題上的挑戰來自於：一旦他們發現，生活的真相並非自己所樂見的模樣或不符合期望，他們會擔心假如採取行動將會導致損失，因此就迴避問題。然而，事情拖越久，壓力越大，對健康也越不利。根本解決之道仍是接受事實真相，儘早採取行動。希望7數人不要拖到健康破產，那可就回天乏術了。

命數7的天賦靈數組合類型

純粹的7　數西元二〇〇〇年後，第一個單純的7數人出生了。例如出生於二〇〇〇年一月四日的人，相加的總和是7，他們沒有靈數，只有命數7。前述對7數人的描述在這些人身上都能成立。

16／7　這類型7數人非常堅強而獨立，他們的軟弱面出現在愛情關係中。他們常為了取悅對方而不顧一切拚命付出，但他們其實不必這樣做。這些人善於解決問題，生來有一種近乎通靈般洞悉事情謬誤的能力，並且還能予以改正修補。

25／7　他們非常親切和善，幾乎跟任何人都處得來。他們可以面對群眾，擅於處理人際關係的課題。不過，他們熱愛自由，所以還是需要有很多時間獨處，或者充電進修、思考問題。這類型的7數人在所選擇的行業裡很容易平步青雲。他們內心的矛盾比較少，頂多需要克服有時候會冒出來的「再說吧」的傾向。

34／7　這類型的理想性極高。別人覺得他們心胸開闊，可以接受任何事物，而「一切」都有可能。然而，一旦要付諸行動讓「一切」成真時，他們會一百八十度轉變，變成固執死硬。這種轉變固然令人錯愕，不過事情其實沒那麼糟，因為他們這種小心翼翼的特質對於任何計畫或行動都是不可或缺的態度。這些人不愛風險，寧可穩扎穩打。這種行事風格卻也會使他們錯失機會，並使得別人抓狂。

43／7　他們是腳踏實地的人。雖然他們也有固執與懶洋洋的一面，不過都可以用毅力與執著來獲得成績。他們可能會遇到的挫折是，當他們發現一直以來努力爭取的事物其實並不是自己真心想要的事物時，那種落空的感覺，可能會導致他們在目標尚未完成之前就怠惰退縮，半途而廢。

7 數的連線：人緣線／表達線

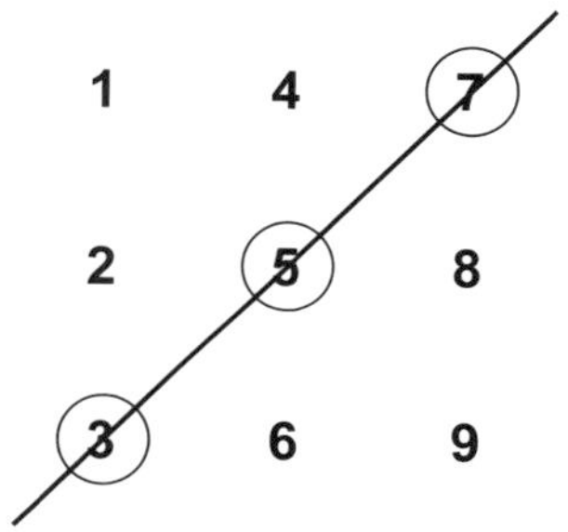

當命盤中出現了 3、5、7，就連成了這條線。這條連線的基本意義是：理想（3）在經過凝聚和闡釋後（5），可能可以找到真相（7）。

擁有這條連線的人，可以看穿別人心裡真正想要的是什麼，並且能用容易使人接受的表現方式來呈現事物。這是項威力強大的天賦，成功銷售的利器，可施展於政界、傳播媒體等等能接觸到廣大群眾的相關行業，所以這條連線又稱為發言人線。擁有這條連線的人，很善於溝通，也很討人喜歡。

此外，擁有這條連線的人好奇心很重，大事小事都想知道，甚至喜歡探聽醜聞八卦。所以這條連線也被戲稱為八卦線。不過，擁有這條連線的人卻會對自己的祕密設下防線，不輕易讓人探知。

擁有這條線的人需要有自己的空間與獨處時間。

8

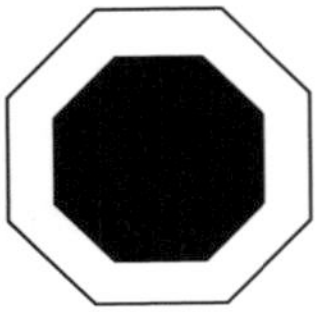

∞

呈現於自然界的8數，就是八角形。這種結構一向含有穩定、權力和保護的意義。運用在城堡建築上，給人安全牢靠的感覺，排除了危險，又有擴張及成長的可能。

8數還有一個代表標誌：無限的符號。8數象徵生與死之間永不止息的循環更新，其特點是因果業報，也就是所謂的「善有善報，惡有惡報」。

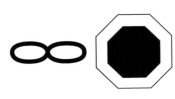

個性特質

8數人慧眼獨具，一眼就看得出哪些人事物具有潛力。他們喜愛看到東西逐漸萌芽發展，並樂見任何有潛力的事物成長茁壯，這些事物包括：理念、他們的子女、別人的才華或新產品，總之，任何真正有潛力的事物。8數人常常會不為任何特定目的就主動幫助別人發展，只因他們不能忍受璞玉被埋沒，有時當事人根本不要他們幫忙！8數人這麼做可能會賠上個人錢財，但是他們還是很願意幫助別人發展。

8數是高八度音階的1數，因此它也具備了1數的領導才華和追求獨立的特質。不同的是8數人著眼於大格局，不滿足於僅僅只是成為自己人生或家庭的主宰。數字8的影響會讓人想領導一個公司，或甚至一個國家；它也會驅使人積極尋求金錢上的獨立，而且是遠遠超過實際需求的數目。8數人打從心底厭惡怠惰這件事，如果事情進展得很慢，他們的態度會變得強硬。

8數人比較令人費解的地方是雖然他們個性剛強，但表現於外完全不是那回事，反而像貓咪般溫順。他們往往說話委婉，並且避免與人起衝突，有時寧可讓自己吃虧受傷。然而，一旦他們關心的人遭受到不公平的待遇，小貓馬上變成猛虎。8數人發起脾氣時令人大吃一驚，他們會為了捍衛自己的人和利益而無所不用其極。這正是1數人與8數人最大的差異；1數人挺身而出多半是為了自己，而8數人強出頭都是為了別人。

一般來說，8數人看起來還算誠實，給人值得信賴及安全的感覺。8數人很有商業頭腦，天生是個生意人——但話說回來，天底下有幾個生意人是真正誠實的呢？

人生課題

8數人的人生軌跡可以有兩種選擇。第一種是如果8數人有許多夢想及慾望，尤其想追求金錢上的獨立，就去努力工作，不然就找一個認為極有潛力能實現夢想的對象結婚。長此以往，8數人會要求繼續追求改變與擴展，雖然他們常常不直接表現出來。8數人的方式是強求自己的理念要得到實踐，或是一直催促另一半完成他們認定該追求的目標。最後對方會受不了8數人的嘮叨操控，起而反抗，結果就引爆衝突。很多8數人最後都會覺得人生是一場空，而自己被別人利用糟蹋。

另一種選擇是，誠實說出自己對人生的確切規劃，坦白而直接，讓別人有機會決定留下或離去，對方既然不是被誘騙而留下，日後也就沒有後悔或埋怨。8數人越是清楚自己的目標，並且越是誠實接受它，他們就越容易成功。

先前描述8數的代表標誌時提到，8數與宇宙間的無限性及因果業報有關，因此如果8數人說謊、欺騙，或是做了錯誤及違法的事，報應總是會來，而且後果常常會超乎他們的想像：可能是事業倒閉、婚姻破裂、失去心愛的人或子女、車禍意外，或者賠上健康。

因此8數人的人生課題就在誠實，他們必須對自己誠實，也對別人誠實；這兩者之間，誠實面對自己比較困難。8數人不太願意向別人說出自己的真實感受，更糟的是有時候他們會欺騙自己，強迫自己接受自己不要的情況。這種內在的衝突會大大損害8數人的健康幸福。

人生目標

8數人對於具有潛力的事物觸角敏銳，能立刻察覺，並認為自己有責任把它琢磨成器。問題會發生在萬一他們太想要成功而開始變得不誠實——這麼一來，事情就開始顯露敗相；如果他們夠幸運，將會有機會重新來過。

8數人的人生目標應該是發展自我，而非發展他人。8數人喜愛任何有關個人成長及潛能發展的事務，如果他們能把這種心思專注於發展自己的某項才華，自己就能功成名就。許多著名的8數人藝術家，都是在放棄了等待伯樂之後才成名的。

8數人只要運用天生的商業頭腦觀察市場，並以自己的才華創造符合市場需求的產品，這樣就能成功。對8數人來說，沒有什麼比得上完全憑自己胼手胝足打造成功更能讓他們心滿意足。

溝通之道

座右銘：「好處是什麼？」

想和8數人有良好的溝通，切莫忽略他們的剛強性格，千萬不能強迫他們同意我們的看法。如果強迫他們，他們絕對會反擊。記住8數人的座右銘：「好處是甚麼？」如果要8數人了解並同意我們所提出的想法，表達方式絕對要讓8數人明確知道他們將會從中受惠。8數人必須在我們的建議裡面看到能讓他們成長的機會。別想對他們動之以情，這只會顯得我們太軟弱而使得他們興趣缺缺。僅需向他們強調，他們可以從我們的方式得到哪些好處。一旦他們看出了潛力，就會聽從建議。

與8數人溝通的要點如下：

- 把他們當作一個隱忍著不說，但其實是快要破產的生意人。
- 形象很重要。
- 指出未來發展的潛力。

- 說出「不」可不見得是為了拒絕，可能是用來談判的工具。
- 8數人買東西時剛開始一定會在乎價格，除非產品能讓他們看起來更高級，或者是可以在未來獲利。

天賦才能

8數人天生能比別人早一步看透事物的潛力。這提供了8數人極佳的市場優勢而賺進不少財富，因為8數人不怕風險，並且可以為了成功而不計一切投入——當然，這表示他們必須做出決定去爭取。8數人也很擅長幫助他人發展自我。

8數人能與別人共事愉快，善於組織人事，具備優秀的領導能力。無論走到哪裡，8數人渾身散發的高尚風範都相當吸引人。他們讓人覺得值得信賴。

在這些美好的特質底下藏著堅強的性格，8數人只要肯發揮就會成功，因為他們深知自己的目標。8數人可以成為非常強勢的領導者，他們可說是天生的老闆性格，時而平易和煦，必要時也能剛硬強悍。

著名的8數代表人物包括：中華民國國父孫中山及前蘇聯建國者列寧。

生涯發展

8數人的工作性質必須能讓他們根據自己的直覺和理念自由行事。適合8數人的行業包括：銀行金融、業務推銷、演藝娛樂業；職業包括：研究員、醫生、法官、軍人、警察、企業家、經紀人、藝術家、創意總監、企業總裁、總經理、總統、政治人物。

健康之道

8數人會發現，只要他們開發出某項潛力十足的事業，無論是他們自己的事業或別人的事業，他們的健康都會變好。萬一所付出的努力毫無所獲，或是別人不肯接受他們的建議，健康就會變糟，特別會發生在8數人隱藏自己真正的感受、不說實話、故意傷害他人、欺騙，或甚至從事違法行徑的時候。為了健康著想，8數人必須學會自己的人生課題，無論如何永保誠實，尤其要誠實面對自己。

命數8的天賦靈數組合類型

純粹的8　西元二〇〇〇年後，第一個單純的8數人出生了。例如出生於二〇〇〇年一月五日的人，相加的總和是8，沒有靈數，只有命數8。前述對8數人的描述在這些人身上都能成立。

17／8　剛認識這類型8數人時，會覺得他們是堅強而獨立的人，大致上確實如此。他們有強烈的領袖特質，必要時會獨自一個人堅持下去。不過，這些人仍然有個弱點——稱為特質也許比較恰當，那就是每當他們努力追求的目標已經在望時，他們反而會裹足不前，開始重新考量那是不是自己真正想要的東西；有時甚至會在這緊要關頭驟然轉向，和原來方向完全背道而馳。這種自我設限的特質是17／8數人的人生挫折的根源。

26／8　這是最敏感的8數人。他們非常感性，能夠將心比心，對於別人的痛苦感同身受。每當有悲劇發生，即使是由電視上得知，他們也會覺得自己彷彿有責任，希望自己幫得上忙。他們常常很難把自己從別人身上抽離開來，就連看新聞也會隨之心情起伏。

這些人長袖善舞，人際關係良好，幾乎能夠應付任何風險，而且很快就能從蓽路藍縷的階段逐步建立起王國。他們只要能把自己和別人的感情課題劃清界線，避免承擔不必要的責任，未來前途就無可限量。

35／8　這類型擁有所有8數人都想擁有的特質：絕佳的溝通技巧，超強的業務銷售能力，以及處理錯綜複雜人際關係的政治手腕。這些人希望在人生裡得到很多東西，也願意盡其所能努力付出以換取收穫。他們的問題是，有時想需要付出極大的勇氣和代價才能得償宿願，這時候這些人會考慮退縮，希望能找個較容易的解決辦法，但妥協的結果多半對自己沒有好處。

44／8　這是個「卓越數」（參見第81頁）。這類型的8數人特別喜歡潛力雄厚的事物。然而，要成就龐大的計畫往往需要眾人通力合作。這些人樂於與人群合作，不過他們的誠實問題很快就會受到考驗。真相遲早會水落石出，到時夥伴們會對他們失去信任，造成計畫半途而廢，結果可能損失慘重。此外，許多44／8的人一輩子都沒有去從事他們真正想做的事。這是因為他們受到了兩個4數的影響，非常渴望安定而儘量避開風險；但是8數的影響又驅使他們想要透過冒險來獲得發展與成長。這兩方的拉扯引發了他們的內在衝突，並造成挫折。

8 數的連線：權力線／靈性線

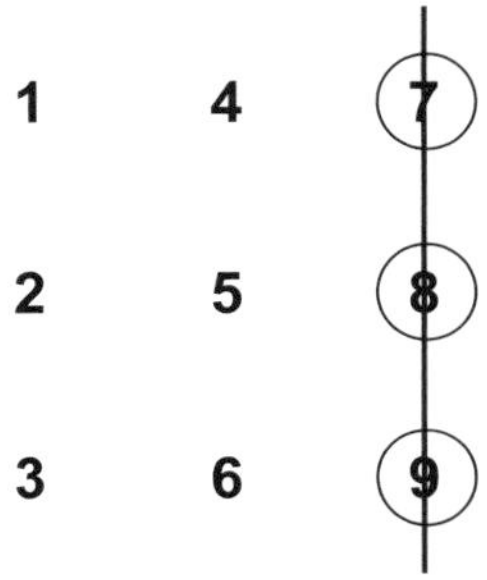

當命盤中出現了 7、8、9，就連成了這條線。這條連線的基本意義是：事實真相（7）在經過整理包裝和市場行銷之後（8），能夠提供服務（9）。

擁有這條連線的人會喜歡具有強大力量的事物，例如某些可以讓人登上擁有權力位置的行業。

奇怪的是，有權有勢的人也會被擁有這條連線的人吸引，常會自動來幫助擁有這條連線的人，因此這條連線也稱為貴人線。

另外，這條連線也是懶人線，因為擁有這條連線的人有時候會懶得自己做事，坐等別人來代勞。

這條連線還有一個不尋常之處，那就是它使人認識到，宇宙間最高的權力來自於靈性世界。擁有這條連線的人特別尊敬宗教和形而上的哲學思維；也因此擁有這條連線的人會受到靈異事物的影響，別人卻不會。

9

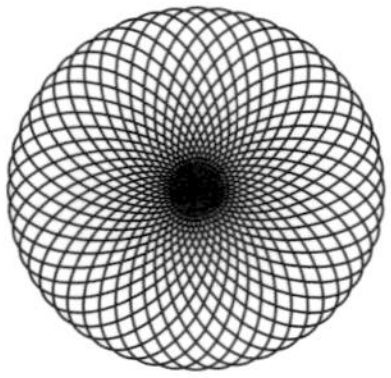

圓圈代表9數。九邊形已經近乎圓形；事實上，9數和0數的意義非常相近。把9與任何數字相加，所得的總和數字再相加一次，又會得回原來的數字。例如，7＋9＝16，然後1＋6＝7。

個性特質

在所有數字當中，9數人堪稱最多才多藝的一群。他們想像力豐富，生下來就是夢想家。他們相信天下沒有不可能的事，因此常常在追求那些也許不可能實現的夢想，但他們真心相信夢想一定會成真。9數人如此堅信夢想，原因是他們很早就發現自己輕輕鬆鬆就能學會十八般武藝，因此任何事都難不倒他們，當然也就沒有不可能的事。

許多小說與電影的故事都出自9數人之手，因為很多9數人從事與娛樂演藝相關的行業。因此，9數人的夢想與計畫就像是電影情節，沒有任何限制。在別人眼中，9數人這些計畫與想法近乎瘋狂，因此常常招來不客氣的批評，而這是最令9數人痛恨之處。假如9數人夢想中不切實際的部分被直接指了出來，他們先會充耳不聞，然後惱羞成怒，一副只有他們知道某些高深學問與祕密而別人都不懂的樣子。9數人從來不認為自己的夢想不會實現。

有一個比喻可以很容易理解9數人的性格特質：把他們看成是來到人間接受訓練的天使。9數人樂於行善，並認為上帝會一直守在他們身邊，為他們帶來看不見的好運，所以一切的不可能都會變成可能。可惜9數人的真實人生並非如此。由於他們不用務實的眼光面對生活，因而在人生中備嚐艱辛。

9數人對於別人的需求十分敏感，覺得助人是義不容辭的事。他們可以單純為了幫助別人而全心付出，這不是常人能做到的。不過，9數人多半沒有解決別人真正的問題，他們似乎比較在意趕快驅散別人的「痛苦感覺」，而不是把產生痛苦的根源找出來加以根除。結果，9數人常常扛下了超出自己能力範圍的重責，而很容易被人利用。

9數人樂於散播歡樂，所以很能討人歡心。然而，9數人有時候也會展現出軍人般的剛硬強悍，讓大家看得一頭霧水。這是因為9數人熱情十足，對於人生的規劃具有強烈的主見。

9數人最怪異之處在於他們與錢財的關係，彷彿得了金錢過敏症似的。在所有的數字當中，9數人最想賺大錢，而且也深信自己辦得到，可惜通常事與願違。9數人越是汲汲營營追求金錢，就愈賺不到錢。但只要他們放掉對金錢的慾望，單純只順從本性去幫助別人，財富反而源源而來。金錢，好比9數人的影子。

人生課題

9數人的人生軌跡可以有兩種選擇。一種是完全無我的奉獻，只求滿足別人，像是出家人或修士。但9數人一邊無私無我付出，一面不免暗自夢想過另外一種人生，可是從來不付諸行動。長久之後，9數人會抑鬱不得志，因為他們付出很多，回報卻很少，而自己的夢想遙不可及。

另一種選擇是在無私地幫助別人的同時，仍保有自己的夢想。9數人千萬不要被利用，應該在為人付出與努力實現夢想之間取得平衡。只要9數人學會了幫助別人到什麼程度叫做極限，那麼終將達成平衡。

9數人的人生課題是學習專注於實現夢想，切勿讓自己深陷於不健康的感情關係裡脫不了身，也不要一味想要取悅他人。由於9數人天性敏感而仁慈，所以他們很難為自己著想，更談不上爭取自己該有的權利。許多9數人一輩子都活得鬱鬱寡歡，從來沒能發展自己的天賦潛力，只因他們害怕如果真的去追逐夢想，可能會傷害到他們心愛的人。

9數人既然是為上天做工的人，就必須學會只把上帝賜予他們的東西轉付出給別人——上天賜下希望、愛與情感，但沒有賜予金錢。賺錢要靠自己努力工作。人會吃苦一定有原因，而那不是9數人的責任。別人不願改變或不肯上進，不是9數人的問題，他們不必為此耿耿於懷。9數人必須努力經營自己的夢想，專注心力把自己的潛能發揮到極致，就算別人不喜歡，也一定要勇往直前。同時，9數人也必須學習虛心接受批評，接受比較務實的建議，這反而更能加速他們實現夢想。

人生目標

9數人是天生的人道主義者。他們覺得幫助別人活得更好乃是自己的天職。然而，9數人的幫忙如果僅止於一時的療傷止痛，那並沒有解決問題。因此，9數人很容易被人利用，以致於他們的犧牲很難得到回報。9數人的人生目標應該是改善別人的人生，從精神面、心理面啟發別人，幫忙撫平傷痛，去除壓迫，為人間帶來歡樂，重拾健康。比方說，如果9數人喜歡幫助兒童，那就思考怎樣可以幫助更多的孩子：不要只想著自己生個小孩，好好教育他，不妨想得更遠大一些。他們可以研究兒童心理學，撰寫有關兒童的書籍，教導父母，或甚至製作以兒童為主題的電視節目，這樣不僅能培育自己的下一代，也嘉惠了其他的孩童。

溝通之道

座右銘：「沒問題！」

9數人天生是夢想家，但他們的夢想往往並不實際。有心幫忙的人會發現他們是死硬派，完全聽不進別人務實的建議。與9數人溝通，必須了解一件事：他們的夢想是他們的心肝寶貝，任何的批評都會遭到頑強抵抗。需要更有技巧的解釋方法。

要點是記住9數人的座右銘：「沒問題！」9數人認為天下無難事，但現實世界裡沒有「沒問題」這種事。每一個動作都會引發其他效應，必須有縝密與務實的策略才可能完成計畫。

9數人不想被現實世界的細節羈絆。他們喜歡遠大的計畫，是無可救藥的樂觀主義者。他們一派藝術作風，不理會務實保守那一套。和9數人溝通，必須先弄清楚他們的理想與計畫是什麼，然後想辦法擴大它，這會讓9數人更覺得起勁。如果9數人想存錢買房子，就提供他們一種賺錢方法，讓他們可以賺到夠買三棟房子的錢；看到9數人因為深陷一樁不健康的感情關係而過度犧牲，就告訴他們如果能把愛分給更多的人不知會有多美好。如果用正面而輕鬆的方式表達，他們就會把別人的話聽進心裡，更願意接納建議。

與9數人溝通的要點如下：

- 把他們當作想要進麥當勞打工的出家人——別問他們為什麼，他們自有一套說法，不必浪費時間去弄懂！
- 不要批評他們的想法或計畫。
- 用輕鬆的方式與他們討論問題，切莫過於嚴肅。
- 找出他們的夢想所在，並且擴大它。
- 他們買東西時不會擔心價格。

天賦才能

9數人是超級的服務高手，能讓人覺得被照顧得無微不至。他們不太在乎解決問題，而比較在意讓人感受溫馨。綻放一個微笑、講一段笑話、來一個擁抱或一次舉杯致意，都是9數人的風格。

9數人有豐富的創意才華，而且是很棒的表演者。他們耐力驚人，永不放棄夢想。9數人學習力很強，凡事很快就能上手。他們也是優秀的老師人選，很容易受人愛戴。9數人是最超級的夢想家，而且一點都不實際，但假如他們的夢想是幫助別人，那麼確實可能會發生大事！

著名的9數代表人物包括：印度國父甘地及德蕾莎修女。

生涯發展

9數人能和他人共事愉快，而且他們也不喜歡單打獨鬥。適合的行業包括：演藝事業、公關業、健康醫療產業、汽車運輸、觀光旅遊業，職業包括護士、醫生、記者、哲學家、文化工作者、發明家、科學家、作家、牧師、神職人員等，或任何與動物有關的行業。

健康之道

9數人會發現，當他們為了實現夢想而努力工作時，健康狀況會變好；而當築夢之路受阻，他們就容易生病。但有些9數人從來沒有機會創造夢想、實踐夢想，所以他們會像行屍走肉般過一生；有些9數人有夢想但半途而廢；至於那些真正實現了夢想的9數人，夢想實現之後卻不知接下來該做什麼。無論是哪種情況，基於健康的理由，他們都必須忠於自己，明白勾勒出自己在人生裡的最大夢想，排除萬難，重拾9數人該有的人生至樂。

除了構築夢想，9數人還必須把他人出於實際考慮的建議聽進耳裡，這樣才能設計出有效可行的策略。許多9數人只是一味等待伯樂出現，天真地相信成功會送上門來，這樣只會虛度一生。想要美夢成真，一定要辛勤工作、吃苦耐勞、行動務實、計畫周全，而且堅持到底；不這樣做就不可能成功，只會造成有志難伸與不健康的生活。

命數9的天賦靈數組合類型

純粹的9　西元二〇〇〇年後，第一個單純的9數人出生了。例如出生於二〇〇〇年一月六日的人，相加的總和是9，沒有靈數，只有命數9。前述對9數人的描述在這些人身上都能成立。

18／9　這類型的9數人很不容易了解。他們看似堅強而獨立，但實際上不然。這些人往往發現自己的所作所為都是為了取悅他人，彷彿沒有信心可以讓自己快樂。他們內心常常在掙扎，到底該幫助別人多少，又該替自己做多少。他們一方面希望自己的付出能有實質的利益回饋，另一方面又抱著為老天做事的觀念，所以他們常常苦於因為義務為人做事而沒有得到酬勞。

27／9　這群人非常溫暖親切，感情豐富。他們懂得分析事物，不過他們的分析能力有一定的限度：因為他們害怕看到真相，以致常常在看事情時並不深入。他們做事也常有自欺欺人的現象，昧於真相而盲目到底。這類型9數人有過於理想化的傾向，總是想等待問題自行解決或消失，卻不願果斷採取行動，矯正問題。

36／9　他們天生脾氣好，很好相處。他們的好惡分明，喜歡或不喜歡壁壘分明。這些人對於別人的痛苦也很敏感，覺得自己有責任助人。他們最大的問題來自於因為聰明而想得太多。他們可以一輩子都活在自己對於人生的憧憬與幻想的心靈世界裡。這類型9數人如果缺乏務實的導引和扶持，他們的夢想就永遠只是夢想，人生也就始終無法得意。

45／9　這是所有9數人裡面能力最強的一群。他們腳踏實地，卻也心胸開闊，勇於接受改變。他們願意為了實現理想而努力，不怕吃苦。他們唯一的毛病是假如事情窒礙受阻，就會缺乏堅持追求目標的勇氣。這些人自己內心務實的一面常會壓制了夢想的一面，因而痛苦掙扎，結果不是停滯不前，就是因為進展過慢而深感挫折。

9數的連線

9數沒有專屬的連線，這是因為9數和0數有關連，代表了靈性層次的才華，而這方面的才華很難以具體的命盤圖或數字來表現。

0 數的影響力

0 數跟在其他數字後面，會引發那些數字的靈性力量。靈數裡帶有 0 的人，例如 10 ／ 1、20 ／ 2、30 ／ 3、40 ／ 4 等，他們都有個共同點，就是生來對靈性世界充滿興趣，也相當尊崇，彷彿他們知曉肉眼不可見的另外一個世界。

0 數對人的影響是，讓人有企圖心，努力上進，但若失敗受阻，也就很自然地放棄期望，變成聽天由命，改以「塞翁失馬，焉知非福」的心情看待事物。有些靈數裡帶有 0 的人也會盡一切力量爭取想要的東西，但一旦無法如願，他們會馬上相信或許這才是老天的旨意，便心存感激接受了失敗的命運。

每個月份裡，1 日出生的人都比 10 日出生的人來得積極進取。雖然 10 日出生的人也有積極的一面，但他們更容易順應自然，樂天知命；但 1 日出生的人會期望在人生中每戰皆捷。

給每個數字的一句話

給 1 數：「真正的領導者會致力於改善追隨者的生活。」

給 2 數：「一個明快的決定勝過拖泥帶水。」

給 3 數：「世上沒有絕對的完美，珍惜眼前擁有的東西。」

給 4 數：「不嘗試新事物就無法成長。」

給 5 數：「唯有透過負責任與犧牲，才可能實現目標。」

給 6 數：「先解決自己的問題，再談解決別人的問題。」

給 7 數：「接受事實的真相，面對問題，採取行動解決它。」

給 8 數：「對自己誠實，也對別人誠實。」

給 9 數：「接受別人的務實建議，夢想會更快實現。」

應用
與解讀

We can use numerology as a tool to represent all things in our world. Once we can do that, we can choose to bring new influences into our lives. This is when numerology gets really interesting.
Imagine if you knew exactly what influences your home, your food, your clothes, and other mundane things brought you. You could instantly see what things held you back from attaining the things you want. You could choose to change your style, change your diet, or whatever else to help you attain career success, health, or other goals.

3

童年是自信的開端

自我肯定與自信，源自於認識到自己的特點和專長。這種對自己的信任無法在一夕之間形成，而是要經過多年的嘗試，努力開發自己的天賦並加以培養。最理想的狀況是從出生就開始這樣做；為人父母者的任務就是觀察並判斷孩子的特點何在，然後以正面並鼓勵的態度幫助孩子發展這些天賦。

可惜的是，能有這種福氣的孩子很少。我們大多數人都生長在不快樂的家庭，父母會把自己的挫折和怒氣發洩在孩子身上。我們受到大人的控管、批評、強迫、打罵、操縱、欺騙，不能發問，經常還受到不公平的處罰。我們的天賦沒有被發掘，反而被壓抑，而朝著父母和老師希望我們變成的樣子去發展。這種童年不可能為人塑造出什麼自信！

教育體制裡的情形同樣惡劣，甚至更糟。我們的天賦被大大壓抑，只在考試成績好的時候，才有人認為我們有天分，但就算成績好，卻也沒有一個有系統的方法鑑別出我們所擁有的天賦是哪一種或哪些。

但是最理想的教育體制應該要能把人類的各種天賦加以鑑別、分類並塑造確立。進學校的最初幾年應該是實驗性的時期，用這段時間來判斷每個孩童的特長所在；一旦鑑定出孩子們各自擁有的天賦，就根據天賦類型讓他們接受不同的教育計畫。這是一個理想的未來。

雖然還沒有達到這理想，不過數字學提供了一種自助的方式，它把天賦分成九大類型（見〈數字的特質與潛力〉章節的分類詳述），但這九大類可以擴充至更多，因為正如前面說的，沒有一個人只由一個數字就決定一切，我們是許多數字的結合，除了生日數字，生命中還有許多其他數字和影響力塑造出我們的樣子。

找出全部的天賦

截至目前為止，還沒有人把人類的全部天賦加以分門別類，但我打算做個初步的嘗試，在以下幾頁列出我們可能擁有的技巧或特殊才能。這份表單不盡周全，也許讀者會想到更多。

我建議各位請好朋友來核對，看看哪些天賦和自己有關（當然可以自己進行，但是我們不容易客觀檢視自己）。然後，把這些天賦特質和黃金三數的靈數結合起來，列出一張表單。不妨把這張表單放在身邊，或貼在牆上，由它來提醒我們，自己是怎樣的人，長處在哪裡。這樣可以奠定自信，讓我們更專注發展自己的天賦。當覺得難過或受挫的時候，懷疑自己沒有價值的時候，就把這張表單拿起來，好好檢討一番。只要是人就會有許多特別的天賦，而誰都會犯錯；犯錯表示我們正走在發展成長的路上。失敗為成功之母。所以，別擔心，一定會上軌道的。

這些資訊可以幫助身為父母的人，用來幫忙孩子們發現他們的天賦，進而加以發展，並建立自尊。首先要根據本書所提供的方法，算出孩子的黃金三數，這個三角數是由三個數字組成。請現在就計算。算出來之後，先回到〈數字的特質與潛力〉章節閱讀關於孩子的命數的描寫。

這些天賦準嗎？可以在孩子身上看見這些特質嗎？請記得，生命密碼只是個開端，讓我們可以快速看見一個人的整體性格，但當然需要仔細觀察自己的孩子，也許他們擁有更多值得培養的天賦。

接著請閱讀以下幾頁所列出的天賦特質，想一想自己和孩子，核對一下各自的特點，為自己和孩子各列一張表單。然後，把這張表單和〈數字的特質與潛力〉章節所提到的天賦綜合成為一張更細膩的表單。每當覺得缺乏自信的時候，就把這份表單中所列出的天賦讀給自己或孩子聽。

天賦特質，看看自己和孩子各具備哪些特質？

在以下的特質前面打個勾，肯定自己和孩子。

- ☐ Able 有能力
- ☐ Accepting 接受度高
- ☐ Accurate 準確
- ☐ Adaptable 適應力強
- ☐ Adventurous 愛冒險
- ☐ Affectionate 親切和善
- ☐ Aggressive 主動進取
- ☐ Alert 機敏
- ☐ Ambitious 雄心萬丈
- ☐ Analytical 善於分析
- ☐ Artistic 有藝術傾向
- ☐ Assertive 果斷
- ☐ Attention to detail 注意細節
- ☐ Beautiful face or body 貌美體態佳
- ☐ Broad-minded 寬宏大量
- ☐ Calm 冷靜
- ☐ Capable 能幹
- ☐ Candid 坦率
- ☐ Careful 仔細
- ☐ Caring 有愛心
- ☐ Cautious 謹慎
- ☐ Charming 有魅力
- ☐ Cheerful 令人愉快
- ☐ Childlike 天真
- ☐ Clear-thinking 思路清晰
- ☐ Clever 聰明伶俐
- ☐ Communicative 善於溝通
- ☐ Compassionate 有同情心
- ☐ Competent 有才幹
- ☐ Conscientious 勤懇
- ☐ Considerate 體貼周到
- ☐ Coordinative 善於協調
- ☐ Cooperative 樂於合作
- ☐ Courageous 勇氣十足
- ☐ Creativity 創造力
- ☐ Curiosity 好奇心
- ☐ Dependability 依賴性
- ☐ Determination 決斷力
- ☐ Dynamic personality 積極
- ☐ Eagerness 熱切
- ☐ Easy-going 隨和
- ☐ Efficient 有效率
- ☐ Empathic 將心比心
- ☐ Energetic 有活力
- ☐ Enterprising 有進取心
- ☐ Enthusiastic 熱情
- ☐ Entrepreneurial 有創業精神
- ☐ Experimental 有實驗精神
- ☐ Fair-minded 公正

- ☐ Fast thinking 思考敏捷
- ☐ Faithful 忠實
- ☐ Fitness-natural athlete 體格均勻健美
- ☐ Freedom conscious 愛好自由
- ☐ Friendliness 友善
- ☐ Funny 逗趣
- ☐ Generosity 慷慨
- ☐ Gentleness 彬彬有禮
- ☐ Gladness 愉快
- ☐ Good-natured 好脾氣
- ☐ Good sounding voice 聲音悅耳
- ☐ Healing 有療癒力
- ☐ Hearty 開朗
- ☐ Helpful 樂於助人
- ☐ Honest 誠實
- ☐ Hopeful 滿懷希望
- ☐ Humanitarian 博愛
- ☐ Humorous 幽默
- ☐ Idealistic 理想主義
- ☐ Imaginative 有想像力
- ☐ Independent 獨立
- ☐ Individualistic 個人主義作風
- ☐ Industrious 勤勉
- ☐ Informal 不拘形式
- ☐ Ingenious 足智多謀
- ☐ Inspirational 能夠觸發靈感
- ☐ Intelligent 有才智
- ☐ Inventive 善發明
- ☐ Kindness 和善
- ☐ Leadership 領導力
- ☐ Learns fast 學習速度快
- ☐ Leisurely 從容不迫
- ☐ Light-hearted 無憂無慮
- ☐ Likable 討人喜歡
- ☐ Logical 有邏輯頭腦
- ☐ Lovable 惹人疼愛
- ☐ Loving 深情款款
- ☐ Maturity 成熟
- ☐ Merry 性情快活
- ☐ Mild 溫和
- ☐ Moderate 中庸
- ☐ Modest 謙虛
- ☐ Musical 有音樂傾向
- ☐ Neat 愛乾淨
- ☐ Negotiation 善於談判
- ☐ Non-judgmental 不偏不倚
- ☐ Nurturing 願意付出
- ☐ Open-minded 心胸寬闊
- ☐ Optimistic 樂觀
- ☐ Organized 有條理
- ☐ Original 有原創力
- ☐ Outgoing 外向
- ☐ Patient 有耐性

☐ Peaceful 心平氣和
☐ Persevering 鍥而不捨
☐ Persistent 執著
☐ Pleasant 和藹可親
☐ Philosophic 有哲學傾向
☐ Polite 有禮貌
☐ Political 有政治傾向
☐ Positive 積極
☐ Practical 實際
☐ Precise 確實
☐ Progressive 有革新精神
☐ Protective 善於保護他人
☐ Psychic 有心電感應力
☐ Punctual 守時
☐ Quick witted-minded 機智反應快
☐ Quiet 安靜
☐ Rational 理性
☐ Realistic 有現實感
☐ Reasonable 通情達理
☐ Reflective 有反省力
☐ Relaxed 無拘無束
☐ Reliable 可靠
☐ Reserved 內向含蓄
☐ Resourceful 點子多多
☐ Responsible 有責任感
☐ Robust 健壯
☐ Sensitive 敏感
☐ Sexy 性感
☐ Sincere 真誠
☐ Sociable 善於社交
☐ Spiritual 有心靈深度
☐ Spontaneous 自然率直
☐ Spunky 幹勁十足
☐ Stable 穩定
☐ Strong 堅強
☐ Sympathetic 富同理心
☐ Tactful 圓滑
☐ Taste 善於鑑賞品味
☐ Tenacious 堅韌
☐ Thankful 懂得感激
☐ Thorough 做事徹底
☐ Tolerant 有包容心
☐ Trusting 易相信他人
☐ Trustworthy 值得信賴
☐ Understanding 善體人意
☐ Uninhibited 豪爽不羈
☐ Unique 特立獨行
☐ Versatile 多才多藝
☐ Warm 溫暖
☐ Witty 機智
☐ Zany 耍寶

接受孩子本來的樣子

鑑別了孩子擁有哪些天賦以後，就要思考如何教育孩子，讓孩子的天賦能夠開展。譬如有個孩子很獨立，很早就顯現天生的領導氣質，我們會希望採取一種溫和的方式對待他；如果老是使喚這個孩子，太過限制自由，最後他將會喪失這項天賦，並開始討厭父母。最好能做到順應孩子的天性，充分發揮孩子的優勢潛能，然後試著調整孩子的弱點。

聽起來簡單，實際上不容易做到。大多數的父母和孩子之間都有「權力鬥爭」，大人覺得他們把錢花在孩子身上，供他們吃穿，所以孩子必須聽父母的話，彷彿孩子欠父母什麼似的。這種觀念真是大錯特錯。因為孩子並非自己要求來到這世界，那是父母的決定。父母的責任在於採用對孩子最好的方式來撫養他們，但孩子假如因為父母的管控而失去了自我，並不是孩子的錯。

聽起來也許奇怪，但我們要記住，孩子也是人，有自己獨特的性格和特質。對他們談話要用尊重的語氣，讓他們有尊嚴，自由做他們自己。利用處罰的方式強迫孩子改變，這樣對孩子不公平，甚至是虐待。不管是孩子或大人，都沒有人能忍受這樣的對待。受到這種對待的孩子到最後一定會叛逆，企圖掙脫一切對他們有害的限制，否則他們會失去對自己的肯定，大人如果被剝奪了自由，也會有同樣的反應。

孩子需要別人把他們當成「人」來尊重，需要覺得被人愛；孩子需要感覺到自己跟別人不一樣也沒有關係，這就像成人也需要擁有當自己的自由。我們若接受了孩子的性格，孩子就會感受到愛，會信賴我們，也才會聽從我們的建議。

像尊重大人那樣對待孩子，用尊重的態度和他們談話，說明做決定的過程，為何一定要這樣做——要用冷靜的態度解說，這樣他們就不會覺得自己的自由被剝奪，也就不會反抗。即使孩子不完全了解大人的意思，還是要假設他們會懂，對他們說明。之所以這樣做，有很重要的理由。

孩子最有力的學習方法，是模仿；不管大人教給孩子什麼，最後他們都會模仿父母的言行。孩子是父母的鏡子。如果父母老是對孩子大吼大叫，強迫他們做大人要他們做的事，他們就會模仿這種方式，並且以其人之道還治其人之身。如果父母接受孩子的個別差異，以心平氣和的態度解說，孩子也會用同樣的方式回應。如果從來沒有用這種方式對待過孩子，剛開始嘗試時的效果可能不怎樣，但只要繼續用輕鬆而講道理的方式對待孩子，經過幾個月，他們就會開始有反應；一旦孩子有了反應，就會開始聽父母說話，父母的壓力也會減少大半。最重要的是，這樣子孩子長大以後會信賴父母，有問題的時候會對父母說，而不是向同儕求助，當然更不會求助於毒品藥物。

能夠理解並接受孩子的性格，是建立起良好的親子關係並終生維繫的重要關鍵，孩子會聽取父母的建議，進而真正幫助孩子充分發揮潛能。

發展天賦是需要時間的，也需要做實驗。要觀察孩子喜歡做什麼事，想想為什麼他喜歡那件事。在他喜歡從事的活動方面，他運用了哪些天賦，想一想其他需要運用同樣天賦的活動。

製造機會讓孩子發展自己的嗜好，用稍微堅持一點的態度要他們多培養幾個嗜好。如果他們的嗜好一直改變也無妨，多一點嘗試會讓他們更接近自己真正的愛好。許多父母強迫孩子學鋼琴，結果孩子就算有天分最後也變成討厭音樂。

最好的辦法就是自己也有這些嗜好。前面說過，孩子是有樣學樣。透過各種嗜好來發揮自己的天賦，並讓孩子看到父母從事這些嗜好，知道父母在做什麼，以及為什麼做它。只有這樣他們才會真正相信：有自己的嗜好是很重要的事。

幫助孩子肯定自己

接受孩子的性格和天賦，要注意以下幾件事：

一、不要叫孩子「去做什麼」，而要問他們想要什麼，想選擇什麼，喜歡什麼。

二、不要拿孩子和別的孩子比較，任何比較都不好。譬如不要說：「你怎麼都不像哥哥那麼乖。」

三、不要批評孩子。孩子犯了錯，就對他們解釋錯在哪裡，告訴他們犯了錯並沒有關係，是個學習的機會。不要因此就對孩子生氣。讓他們知道怎麼樣做會更好。萬一他們學得慢，也不要嘲笑他們「怎麼這麼笨」。不要逼得太緊。在這過程裡，說不定也會從他們身上學到什麼東西呢！

四、每天花一點時間指出他們的優點。他們在什麼事上表現得好？如果不知道要說什麼，就看一下前面說的那份天賦表單上所列的特質。

五、了解孩子跟怎麼樣的人交朋友。如果朋友不正，就採取行動不讓他們交往，必要時不妨轉學。向孩子說明「近朱者赤，近墨者黑」的道理。

六、利用各種機會教導孩子學習對別人付出。讓孩子有機會送別人東西，送小工藝品、糖果、食物等等都好，讓孩子領會到給予的快樂。

九種命數的孩子

一旦看出了孩子的天賦和特質，我們就必須接受，並改進我們的溝通方式。如此一來他們會對我們產生信任，願意讓我們來幫助他們發展天賦。計算過孩子的黃金三角數之後，先讀一讀下列關於命數的描述，因為命數的影響力最大。然後再讀關於另外兩數字的敘述。

1數的孩子：獨立，有時很霸道

他們很獨立，是天生的領導者。他們喜歡與眾不同，討厭做別人已經在做的事。一般而言，他們就像小國王或小皇后，不喜歡別人強迫他們做他們不想做的事，被逼時也會反叛。他們需要感覺到你尊重他們的渴望和需求。你在做決定之前必須詢問他們的意見。

他們可以自己一個人玩耍，在和其他孩子玩的時候常常是帶頭的人。他們為了建立領導地位，可能還會和人大打出手。既然了解了這狀況，就不要因為他們想當老大而處罰他們，因為他們天生就想帶頭。告訴他們，家長認為他們是最棒的，他們應該是領導者；取得他們的信賴後，試著教導多一點耐性。不需要強迫別的孩子接受他們的支配，讓別人自願追隨，這樣才是真正的領導。

1數孩子需要很多關注，要特別重視這一點，甚至不妨刻意做些事情讓孩子感到自己很特別、與眾不同，像是給他們很不一樣的禮物、設計出很特別的聚會。他們需要被人家當成家中唯一的孩子來看待。如果沒做到這些，孩子可能會變得難以管教。他們往往會變成問題兒童，因為誰的話都不聽。父母得花很多時間陪他們玩，給予他們想要的東西，避免說出任何的批評，以此漸漸取得孩子的信任，這樣才有機會改善與他們的溝通。

如果做到了，他們就會信任父母，這時就可以開始教導他們如何善用領導力和其他天賦，教導他們應該去學哪些東西。數字1的孩子需要學習分享，開放自己，接納別人。他們必須放棄自私的態度，允許自己依賴別人。

2數的孩子：感情豐富，有時很依賴

這類孩子依賴性很強。他們需要加入群體，成為團體和環境裡的一員。他們需要歸屬感。不要強迫他們獨處或者進入任何形式的孤獨。對待他們的方式不能太過特殊，因為他們會懷疑是不是自己有什麼問題，或者猜想對方是否另有目的。他們迫切需要感覺到自己是父母最親密的朋友，也會變得非常依賴父母，那就讓他們依賴吧。

取得他們的信任後，可以用許多讚美來鼓勵他們更獨立一些，常常讓他們知道自己的天賦何在，讓他們知道他們永遠可以回來依靠。

這類孩子可能會非常挑剔而愛批評。也許會覺得他們只是難以取悅，但事實上多半是因為他們注意細節。要讚美他這種天生特質，並讓他們知道這是一種天賦，特別是當他們注意到我們忽略的東西時。

2數的孩子情感豐富而善變。必須順著他們的性子，讓孩子感覺到父母接受了他們，而他們永遠有父母可以依靠。他們哭的時候不要罵，等他們不哭了再引導他們說出自己的感覺，以及為什麼要哭。讓他們知道我們想了解細節。如果他們發現說出心事不會有問題，以後我們就能幫助他們改善他們的弱點：做決定。

取得信任之後，我們就有機會教導他們獨立，這是他們一生的課題。2數的孩子必須學習獨立，不要等別人幫他們爭取他們想要的東西。他們要學著知道自己這樣並沒有問題，多多培養耐心，少對別人提出批評，並學習做決定。

3數的孩子：愛美，有時很理想化

他們有一種讓人覺得舒服愉快的特質。

他們會把歡樂傳給別人，也常被形容為「明亮」。越是讓他們知道他們帶給我們多少歡樂，他們就會越有自信，知道可以做自己。他們在衣服和生活用品方面的品味，來自他們和「美」有關的天賦。

3數的孩子需要自由發展想法，大人特別要透過藝術或音樂方面的嗜好來鼓勵他們發揮創造力。這類孩子很有主見，會因為自己的創作得到讚美而建立起自信。

他們知道自己生命中想要什麼，也有很強的理想主義傾向，其中多數理想是不切實際的。但不要根據自己的心意而對他們傳授我們的現實觀。就讓他們活在自己的世界裡，等到他們想要實踐想法的時候，鼓勵他們完成計畫。讓他們從經驗中學習，而不是在被迫的訓練中學習。

如果想強迫或批評3數的孩子，是在自找麻煩。他們不會聽我們的話，還會偷偷討厭我們；這種情形會導致他們形成不健康的分裂人格，一個在對我們微笑，另一個無意識的他卻不喜歡我們。萬一變成這樣，就要多花時間和他們一起從事某種創造性的嗜好，例如藝術、音樂或寫作，然後讚美他們的想法，幫助他們肯定自己的天賦。

取得了他們的信任，就能幫助他們進一步發揮創造和溝通的天賦，並學習他們的人生課題。3數的孩子必須學習腳踏實地。他們必須知道：達成理想的唯一途徑是努力工作，並且必須學著接受別人的建議。

4數的孩子：穩定，有時很固執

他們很需要安全感和穩定的生活。所以事事都要按照時間表進行，包括遊戲、讀書、吃飯，和父母相處的時間，這會讓他們尊敬父母，比較聽父母的話。

他們如果願意，可以很用功、專注、有條理。這是一項天賦，所以不要阻擋他們展現出這種特質，即使他們在做一些我們認為沒有用的事，像是打電玩。與他們約定玩遊戲的時間，他們會遵守。一旦他們信賴我們並遵守時間表，就可以和他們討論如何用更有意義的方式運用時間，並且要用範例來為我們的建議提供證明，他們不會錯認我們的意思。

4數的孩子不愛獨處，不喜歡一個人做事，他們需要親密的關係。多與他們相處，最後一定能贏得他們的信賴。

他們可能是最固執的一群孩子，萬一他們展現出這種固執的特色，事情就不妙了，因為那表示他們的安全感受到威脅。一旦他們發現自己的安全感來源（喜歡的學校、朋友、所擅長的活動，或者和父母在一起的機會等等）受到了威脅，他們就會抗拒那些威脅到這個安全感來源的事物。想要改變這種狀況，必須有耐心，好好解釋，但同樣的，要有文字的證據或證明。漸漸的，這孩子就會改變。

取得孩子的信任後，就能幫助他們確立他們在建造或改進事物方面的天賦，並幫助他們學習一生的課題。4數的孩子必須學習到，生命中真正的安全感只能從自身而來，不能依賴其他人或事。信任感和快樂的真正源頭，來自於在日常生活中發揮並善用天賦。

5數的孩子：開朗，有時很善變

這類孩子通常有開朗而吸引人的性格。他們比其他孩子更需要自由，更容易感覺受到限制。父母可能很難要求他們遵守紀律。如果想用嚴格的要求或限制來強迫他們聽話，他們可不會學到我們想教他們的東西。他們會以為我們討厭他們，太自私而不關心他們。這會減損他們對我們的信任，而他們未來的路也會走得辛苦。

要給他們自由，解除限制，重新取得他們的信賴。這可能頗為棘手，因為他們永遠覺得還不夠自由，而天生的靈敏心思和狡猾取向會使得他們容易惹麻煩上身。因此要多花時間與他們一起做他們覺得有趣的事，讓他們比較沒有時間結交損友，以此贏得他們的信任。要把他們當成朋友，和他們平起平坐，一起安排固定的時間從事好玩的活動以保有他們對我們的信賴。

這類孩子很善變，但他們對我們的信賴將可以使我們察覺到他們朝向哪個方向改變。與他們保持親密，安排固定的時間一起談談彼此的生活。如果對他們說出我們的生活種種，他們會覺得受到尊重，也會和我們分享他們的經歷。

5數的孩子年紀小小就已經相當獨立，他們對事物的感受和好惡也發展得很早。這些特性都需要得到尊重，否則他們就會反抗，不再尊敬父母。

他們算是容易養育的一群孩子，因為他們不會向父母索討太多。他們不會一直要人在旁邊陪著，很可以自得其樂。在學校或和朋友相處時，他們很善於取得自己要的東西，彷彿天生的政治家和推銷員，不會需要父母干預。

一旦取得了他們的信任，便能幫助他們，發揮在溝通、正義感、與自由相關的事物等方面的天賦，學習人生課題。5數的孩子需要學會信守計畫，堅持到底。他們需要學著培養願意犧牲的勇氣，以完成計畫，達到成功。

6數的孩子：敏感負責，有時易受外力影響

這是最敏感的孩子。他們馬上就能察覺到別人哪裡不對勁，特別是父母的不對勁。他們可以說是最不容易教養的孩子，因為他們下意識就能了解父母的內在。假如父母不快樂，不管父母知不知道孩子對自己的感覺，都會發現這個6數的孩子在學校的表現也變差了，難教難管。

他們想了解事情的運作，因為他們天生就想要修補東西，天生就會被那些需要「處理」的人或事吸引。父母必須注意他們所交的朋友，因為他們會不自覺地接近有問題的孩子，發現他們會挺身幫助這些問題孩子，甚至被利用，最後受到傷害。孩子這部分的性格是我們無能為力的，因為他們自己也無法控制。我們能做的是，向他們說明他們對朋友真的夠好，讓他們自己判斷這樣的友誼關係是否平衡。

如果對6數的孩子施壓，他們會服從，想辦法讓我們快樂；然而他們會把不滿放在心裡，這就可能影響他們的教育、健康和自信。想要獲得他們的信賴，最佳方式是經常讓

他們知道我們很感激他們的協助，並讚賞他們的天賦與成就，特別在他們犯錯的時候要這樣對他們說。那張天賦表單應該貼在他們房間的牆上，讓他們不會忘記自己對別人是多麼好，用這種方式來提升他們的自信和對我們的信任。

取得他們的信任之後，就能幫助他們發揮他們在創造力、安慰治療、理解事物運作等方面的天賦，面對他們的人生課題。6數的孩子，需要學會一件事：在幫助別人之前先解決自己的問題。

7數的孩子：好問獨特，有時很懶散

這群孩子最獨特。他們比較獨立，而且一般而言都很聰明。他們喜歡提出問題，很有自己的想法和意見。他們做事情會按部就班慢慢來，所以不能催促他們，而要尊重他們對時間的安排。他們做決定的速度也比較慢，就要讓他們知道事務的輪廓，幫助他們把事情簡化，別想得太複雜，好讓他們加快做決定的速度。

他們的情緒容易起伏，一旦學到了新事物就容易改變心意。他們想獨處的時候，尊重他們對自由和獨處的需要；但他們一旦需要我們，就是需要我們充分的關注，否則他們會怨恨我們。如果管太多，會造成他們的反抗。必須懂得諒解並且耐心對待，同時又要表達我們的關心和批評，只要那是合理而且有建設性的意見，因為這會增加他們對我們的尊敬和信賴。

在所有數字裡面，7數的孩子最能接受批評。只要論點合理，他們不介意被質問。他們很好奇，什麼問題都敢問，包括問我們為什麼達不到自己的標準。他們如果提出質疑，不要生氣，要誠實以待。他們可以接受。

他們也是最幸運的。特殊計畫會找他們來做，他們也容易受到其他小朋友的歡迎。但也要注意一點：他們是最懶的一群孩子，會期待別人幫他們度過難關，如果可以，他們寧願少做一點事。因此要指出他們的天賦和成就，鼓勵他們多用功。

取得他們的信賴後，就能協助他們發揮分析、哲學、工程方面的天賦。7數的孩子需要學習做決定，並接受事情真相，即使他們不喜歡那個真相。他們要學著不能像鴕鳥一樣碰到危險就把頭埋在沙裡。丟問題給他們，讓他們思考和執行。

8數的孩子：有正義感，有時很封閉

他們最善良。對別人的需求很敏感，也會注意不傷害別人。他們喜歡親密關係，會改變自己來讓別人快樂，就算嘗試過後發現自己做不到，但他們總是會嘗試一陣子。壓力太大的時候，他們會反抗，這是因為他們是天生的領導者，實際上也相當獨立，即使他們永遠無法從外在經驗得知自己在這方面的天分。要試著幫助他們說出他們對事情的真正想法，幫助他們對自己誠實。

這些孩子在選擇志向的時候可能會很困惑。他們常常不知道自己要什麼，往往會說他們只想賺錢——這時，他們其實是說自己想做生意，想當老闆。問題是，正規的教育制度不會教導他們成為成功的實業家。因此，8數的孩子需要格外努力認識自己的天賦和特質，思考如何把這些天賦轉化為商業機會。

他們即使內心不願意，也會想辦法讓別人快樂，結果最後變得很挫折，不快樂。這種不願表達內心想法的性格傾向，可能會限制他們在學校的表現，傷害到他們和父母的關係。若想取得他們的信任，得多想想他們內心的真正感受和想法，就算他們不開口說。要用偵探推理的的精神和溫暖的態度詢問，因為他們對於批評很敏感。

一旦取得他們的信賴，就可以幫助他們發展在開發新事物、正義感等方面的天賦，並幫助他們學習一生的課題。8數的孩子必須學習對自己誠實，表達自己真正的欲求。他們必須專注，努力達成預定的目標。

9數的孩子：愛作夢，有時很不切實際

這類孩子最有趣。他們樂於助人，願意討別人歡心，包括自己的父母。他們會為了服務別人而想盡辦法，不要為此批評或嘲笑他們。萬一批評了他們，他們雖然可以接受批評，卻會失去對父母的信任。父母要顯示出肯定他們的努力，讓他們知道他們是多麼與眾不同，然後教導他們如何助人而不至於被利用。

這類孩子有豐富的想像力，經常活在自己的夢想世界裡。許多父母會抱怨這類孩子不切實際，擔心他們將來會把生命浪費在無關緊要的事情上。如果用人生常理來說服他們，說他們那些夢想不可能實現，就會變成孩子的大敵。我們能做的事，就是讓他們繼續保有夢想，然後試著實現夢想。讓他們盡情天馬行空夢想，然後要鼓勵他們採取行動，讓幻想成真。不管覺得他們的目標有多麼愚蠢或沒有價值，都要支持他們，並和他們一起努力。

一旦取得了他們的信任，就可以教導他們如何把夢想擴大，往比較可能成真的方向調整。如果他們夢想當公車司機，就教他們當個飛機駕駛員！如果他們想玩電玩，就要他們自己去創造一個新的遊戲！這樣可以幫助他們發展創意、幻想、服務、幽默等天賦，並且學習到他們的人生課題。9數的孩子必須學習堅持人生目標，不要因為別人而受阻。他們也要學習為自己的熱情與樂趣而付出努力，不是為了金錢而忙碌。

4

九種數字的愛情觀

天下最棒的事莫過於談戀愛。沈浸在愛河裡的人，可以說是置身於宗教大師所形容的那種現世至福裡，生命變得澎湃而有意義，一切問題似乎都消失了，心裡只有所愛的那個人。

愛情，會改變人的思考方式，會影響人對於居住地和甚至事業的選擇。有人說愛情使人盲目，此話確實不假：因為愛情會給人信心，讓人覺得只要和所愛的人在一起就可以克服所有困難和障礙。

愛情可以決定我們的健康程度。熱情和愛的慾望可以加速身體的療癒；愛情和性可以增強免疫力、平衡內分泌、釋放情緒，同時幫助建立情感的聯繫。愛得快樂，會使人變得健康，青春常駐，但萬一愛情變了味，健康也會變壞，也可能老化得快。聽說有人因為失去愛情而一夜之間白了頭髮，有人甚至因為心碎而死。

愛情的力量如此強大，當然應該認真看待。我們應該花時間和氣力來了解愛情，培養愛情，最好能永遠維持愛的感覺。很遺憾的是，大多數人願意花時間研究要買什麼東西，卻不花時間研究應該要和哪一種人共度人生，不花時間改善愛情關係。

有些人甚至懷疑，這些精挑細選、開發EQ或改善關係的各種方式，到底能有多少用處。而且，看看今日的離婚率，再回頭看看至今仍處在婚姻關係裡的夫妻又有多少是幸福快樂的。許多研究兩性關係的人，例如兩性關係專家葛瑞（John Grey）（著有《男人來自火星，女人來自金星》等暢銷書），自己也歷經了離婚和再婚。這就難怪大家會以為，愛情的成功好像真是要靠運氣，不敢期待自己能擁有健康的愛情關係，而且害怕結婚。

有人說他們在婚前真的很快樂，但是婚後一切都變了樣，婚姻彷彿囚禁了愛情。有人大聲主張傳統的婚姻和愛情結構在現代社會裡不再合適，應該創造新的愛情關係模式。現在的人並不隱藏自己的同性戀身分、開放式婚姻、多角關係等非傳統的情愛關係。在網路上更可以看到各式各樣有意探索新的關係形式的嘗試。

愛情關係為何如此難以維繫？在愛情裡失敗的人常會回答，是因為沒有碰到適合的人。如果遇到真正情投意合的人，一切都會很順利。這話聽來不無道理，畢竟假如碰上一個和自己性格南轅北轍的人，實在很難融洽相處。

尋找靈魂伴侶的四個層面

「情投意合」有定義嗎？一個和我們情投意合的人，會是什麼樣子？在尋找伴侶時，人人心中有一把尺。大致說來，這些考量可分成四部分：身體的、情感的、心智的、性靈的；這些可以稱為愛情的四個層面，或者愛情的四種類型。一個與我們「情投意合」的靈魂伴侶，應該是在這四方面都非常契合。

一、身體層面

在這個層面的投合，表示我們覺得對方美麗而性感，願意讓此人終生陪著。不管是個子高或矮、身材瘦或胖、弱或壯、膚色是淡是深，總之，對方擁有的是我們覺得很有吸引力的特色。這個層面也包括此人具有滿足我們性需求的特質，或者希望一起生養下一代。

除了外表，在身體層面的吸引力也包括金錢，或者是擁有足以賺錢的才華，滿足在經濟上的安全感。此人不會依賴原生家庭，或者受到其他關係控制。

對有些人來說，身體層面的要求是最重要的條件，他們可以清清楚楚說出自己未來的配偶應該長什麼樣，或是一看到某人就一見鍾情，知道是自己喜歡的「類型」。這類型的愛是以身體因素為基礎，但這也可以是愛情的起始點，只要兩人在其他層面也投合，有時就會建立長久成功的關係，如果在其他層面並不投契，只奠基於身體層面的投合是無法長久的。

二、情感層面

在這個層面投合，表示對方願意對我們付出情感，給我們溫暖或關心。有些人覺得這是愛情的最重要因素，如果遇到一個和善、體貼、溫暖的人，便容易墜入情網。這或許可以解釋為什麼有人會愛上一個長相平庸、身體傷殘、年紀比自己老很多或小很多的人。

這個層面的情感聯繫可以維持很長的時間，有時候可以是一輩子。性慾低的人，只要有情感層面的愛，也可以一輩子快快樂樂，即使像出家人沒有性生活也無所謂。然而，這層面的情感無法取代性愛。對於性慾旺盛的人來說，光有情感並不足以讓愛情關係長久，最終若不是尋求外遇，就是因為太過自我壓抑而形成健康問題。

兩人的關係一旦破裂，往往就是這種情感造成了痛苦。許多人說，分手之後，愛的感覺、寂寞感、孤獨、悲傷、消沉等情緒會持續很久，有時甚至是好幾年。他們懷念親密的感覺、懷念在一起的時光，而通常是這樣的感覺使雙方破鏡重圓，但假如真正的問題沒有解決，不久又可能再度鬧翻。

情感的創傷需要很長時間才能痊癒。如果想知道如何釋放痛苦，在這方面進行自我療癒，不妨閱讀參考我的另一本著作《來自身體的聲音》。

三、心智層面

在這層面投合，表示對方真正了解我們，可以和我們溝通。不管此人是風趣的或是嚴肅的、是不是世故的、有沒有受過良好教育、是富有藝術氣質還是非常務實，或者就只是一個肯聽我們說話的人，總之，兩人可以說話。這些特質通常是形成友誼的基礎，漸漸會帶來信賴，而這也是所有持久關係的根本。

對有些人來說，心智層面的契合是最重要的關鍵，甚至比情感的投合更重要，而這對性慾低的人來說尤其如此。他們需要的對象，在思想上能夠贏得他們的尊重，而且願意聽自己說話，能幫助自己分析事物，討論各種時事議題，並且一起開懷大笑。如果兩人的性慾都不高或甚至沒有性慾，光是這個層面的滿足就能奠定長久的關係。

四、性靈層面

什麼是在性靈層面投契的伴侶？這實在很難用語言來表達。比較貼切的描述是，第一次見面就覺得彷彿上輩子認識。對許多人來說，光是這種感覺就可以叫做情投意合了。具有這些特質的人，可能並不符合我們對於身體或其他層面的要求，但是和對方在一起的時候就是覺得自在，就算不說話也覺得快樂而放鬆。

對很多人來說，一旦體驗到這種愛情，就可以無視於其他層面的缺憾，一頭墜入情網。對完全沒有性慾的人，這個層面的愛足以帶來一輩子的幸福。例如修士或修女因為對上帝的精神之愛而選擇了彷彿嫁給了上帝的生活方式。在愛情的四個層面中，性靈層面是持續最久、也最純粹的愛情形式，但必須放棄對愛情其他層面的要求，否則就可能使得性靈層面之愛面目全非。

最完美的伴侶

最完美的伴侶，應該是一個能符合我們在各個層面需求的個體。但是，請問問自己，如果遇到了這樣一個理想的典型，就保證一定能帶來一份十全十美的愛情？未必。事實上，天下沒有完全一樣的人，每個人都是獨一無二的個體。與我們情投意合的人也許擁有能為我們帶來快樂的特質，但由於個體的差異，一定也會在某個層面無法使我們滿意。再怎麼細微的差異都可以造成緊張，長久之後也可能會傷害愛情關係。許多離了婚的人都曾經相信自己所嫁娶的對象就是自己最完美的伴侶，但不知怎麼回事，過了一段時間以後關係還是無法維持。

關係之所以會破裂，原因在於愛情關係不是以純粹的愛為基礎。純粹的愛是不含自私的期待和欲望的，是長久忍耐，是只問付出，不求回報。如果兩人有這種愛情，他們永遠不會爭吵，也就不可能分手。這是「從此以後過著幸福快樂的日子」的愛情，人人嚮往的童話故事。

純粹的愛是無私無我的，在浪漫之愛裡，我們不可能全然無私，總是有所求，有所欲。我們可以對所愛的人付出，但是需要得到某種形式的回報，否則就會失去熱情，覺得白花力氣，被人利用。若想做到這種無私的愛，就必須無所欲求，不管自己的需要，為別人的幸福而生活，不在乎對方不給回報。

事實上人人都有需求，都需要一些東西來保持身心的健康。如果沒有需求，為什麼要和另外一個人發展出肉體的浪漫關係，而不只是當朋友就好？如果在戀愛關係中的我們，是用不顧一切、不計回報的方式來投入，這表示可能我們自己有問題，缺乏自信，表示我們不是為了自己而活，但能夠為自己而活卻是自信的必要條件。

不為自己設想卻希望兩人關係能夠平等，這是不健康的態度。如果只是一味付出，不接受那些事實上需要用以保持健康的東西，就不會獲得真正的快樂和健康。在這種不平衡的愛情關係裡，付出比較多的那一方所吃的苦也多，但最後變成不受尊重、不被感激的一方。有人就會因此覺得自己被糟蹋、被利用，一切心血白費，甚至因而自殺。

如果不同意這個說法，如果覺得付出比接受更健康，請想一想：如果伴侶和別人上床，甚至開展固定的性關係，有何感想？自己真的能只付出純粹的愛，不在乎對方和誰有性關係？真的覺得只要他們快樂，自己也會快樂？對大部分的人來說，愛一個人，表示在性方面是有獨占性的，不能有別人介入。浪漫之愛和性是無法分開的。

真實生活中，愛不只是施，也是受。我們對於愛情關係都有最低限度的要求。如果沒有滿足這最基本的需求，我們會感覺受挫，而通常是在下意識裡感到受挫，我們自己甚至不知道自己沒有獲得滿足。漸漸的，我們會開始為小事吵架、抱怨，懷疑另一半是不是真心在乎。長此以往，將會導致信賴感喪失，懷抱憤怒，無法溝通，不再尊重伴侶，覺得事事乏味，最後關係無法維續。

愛情關係中的緊張狀況是不可能完全消除的，但是至少可以不必那麼快就因為一連串事件而導致關係破裂，甚至還可能避免最終的破裂。如果每個人都真正了解自己，知道自己在每一個層面真正想要的是什麼，將有助於維繫愛情關係。但是很少人真正了解自己，反而因為缺乏自信，或者缺乏處理愛情關係的經驗而在愛情關係裡遇到困難。

性與愛

從愛情關係心理學的角度來看，最常見的感情問題來自於性方面的不協調。一旦出現了性方面的問題，便容易造成關係的緊張。就算兩人很相配，也會因為有了孩子、健康問題、年紀等等原因而改變性慾，尤其是在更年期因為內分泌的變化而造成性慾的增加或減少，會使得問題更明顯。

一對伴侶裡假如性慾旺盛的一方未獲滿足，會感覺對方不愛自己，開始懷疑對方不愛自己。這時，性慾低落的一方為了維繫關係，會開始逃避親密接觸，不喜歡被碰觸，不肯裸身，開始避免穿性感的衣服，不在乎外表，逐日發胖，甚至生病。如果這些方法都無法減少對方索求歡愛的次數，這對伴侶將會開始在小事上起爭執，用「憤怒」當作武器來控制兩方在性慾方面的不平衡。爭執會愈演愈烈，兩方的信賴感消失，而極可能發生外遇，導致關係破裂。

至於在性方面很投合的伴侶，則可能會出現一個問題：厭倦性愛。如果沒有下工夫實驗新的方式來讓彼此一直保有興奮感，伴侶可能會開始在其他東西上面尋找滿足，就算知道，也可能因為害羞而不敢堅持自己所要的，或做性愛的實驗。

婚姻制度的崩解，造成現代國家必須花費無數金錢在離婚訴訟的法庭審判上。對此，加拿大有人提倡新的婚姻法，規定有意結婚的兩方必須簽下合約，事先議定離婚後如何處理金錢、小孩監護權的歸屬、贍養費的支付和探望權等等。一旦訂下契約，雙方同意簽字後，婚姻就可成立，為期兩年，兩年後婚約自動失效。如果兩方要繼續婚姻，只需要續訂婚約即可，就像更新駕照一樣。以兩年為期，是因為大部分的伴侶會在兩年後離異。

這個提議是有好處的。因為想結婚的念頭固然浪漫，但假如兩方在婚前沒有取得共識，婚姻所牽涉到的法律和財務問題會令人頭大。這就像買房子時不知道價格，後來發現每個月都要付貸款，而且要付一輩子……。

在台灣與加拿大，同性戀婚姻已經合法，可以想見三十年後，上述可續約的婚姻制度說不定就會實現。

婚姻制度的存在，是因為自古以來把「性」和「生育」連在一起，婚姻的目的在於營造一個穩定的環境以養育下一代。但這個觀念逐漸受到考驗。

對現代人來說，性不只是為了生育，也是為了歡愉、親密感、增進愛情關係、為了情感的釋放、為了荷爾蒙的平衡和免疫系統的增進。因此，將來婚姻也許會變成純粹精神的事物，與性愛無關；我們可以和所愛的人結婚，而不和對方有性生活，他們會是我們一輩子的朋友和伴侶，但在身體的層面不一定如此。未來的婚姻制度說不定會允許不只和一個人結婚，因為婚姻意味著建立家庭團體，而不是誰和誰有性關係！甚至，也許有一天會不再需要所謂的婚姻。

在愛情裡認識自己

在愛情關係裡，人最能夠認識自己，了解自己的好惡和需求。如果愛情經驗太少，就沒有足夠的機會認識自己。我常認為，人面對愛情關係就像走進一家自助餐廳，總會想在盤子裡裝滿沒吃過的東西，全部都嘗遍之後，才會知道自己喜歡吃什麼。愛情關係也像一所學校，大家在學校裡發現自己的長處和短處，而最重要的是發現哪些東西才能真正使自己快樂。

許多人要到結婚之後才逐漸認識自己，特別是這時候才漸漸認識到身體層面的自己。多數人對性抱持羞怯的態度，直到有了固定的性關係後才知道自己喜歡什麼。但即使知道了，也會因為不好意思、疑慮、不安全感或其他情結而不敢承認自己這方面的喜好，也就談不上獲得真正所需和從中得到滿足。甚至有些人在結婚之後才發現自己愛的是同性！

一旦愛情關係失敗了，人們常常抱怨說一開始就不應該和那人交往。這是錯誤的想法。我們當初和對方交往的方式，是我們那時候所知道的最好的方式；唯有這樣一次次的嘗試、犯錯、摸索、得到經驗，我們才能真正學到道理，將來才更有能力營造出健康的愛情關係。失敗的愛情是好事，表示又多了解自己一點，也更知道怎樣才能讓自己快樂。

了解了自己之後，想要維繫一段健康的愛情關係，便需要了解伴侶——這可能是一大挑戰，而且費時耗力，可能要幾年才能真正了解一個人。問題是一般人哪來那麼多年摸索前進。光了解自己都要好幾年了，找到合適伴侶之後又要花更多年歲來了解對方，最後說不定已經老到沒力氣共組家庭了！那麼，有別的解決方法嗎？是的，生命密碼可以有一點幫助，特別是了解自己和伴侶在愛情裡的期待和需求各是什麼。只要知道了這些，就有機會長長久久。生命密碼可以幫助我們接受伴侶的特質，增進溝通技巧，找到滿足彼此需求的方式。或者，萬一彼此的基本需求怎麼樣都無法滿足，這往往是性方面的不投合，也可以面對現實，長痛不如短痛。

請先算出自己和伴侶的命數，然後在下一節「九種數字如何談戀愛」裡找到分析命數的段落。

下述的愛情型態，反應了人們在愛情關係裡真正想要的東西，但別人也許不覺得如此，或者表面上看不出來。

如果想知道事情可以多麼複雜，請再以黃金三角數的第二數為主，閱讀那數字的愛情態度，這個數字說明的是一個人在面對自己不喜歡的狀況時所採用的模式；假如這個數字和命數起了衝突，表示這個人在一般生活上已經不容易感到滿足了，更何況愛情——這就是為什麼一定要了解自己、發展自己。想要在愛情關係裡得到快樂，務必先了解自己，先做個快樂的人。如果我們的性格是快樂、成熟而完整的，就去找另一個也是快樂、成熟而完整的人，這樣才比較有機會得到健康，關係維持長久。

根據數字學的說法，人唯有在知道自己人生的課題是什麼，也就是性格成熟、選擇正確的人生目標、邁向個人成長之路，並且找到一位也同樣如此的伴侶之後，才會有圓滿的愛情。

想知道不同的數字相遇、交往之後會如何互動、會有什麼結果，請接著閱讀數字之間的投合度分析。但是別急著尋找自己的完美數字配對，因為任何搭配最後都有可能破裂！清醒一點，天底下沒有完美的配對！關係出現緊張是很自然的。本書的目的在於幫助認識自己、認識伴侶，幫助了解自己和對方的相處為什麼會出現緊張，然後才談得上採取行動，並思考到底是要努力補救還是分手。

補充說明：下述的愛情態度，看的是黃金第二數。如果發現其中的描述與自己的狀況不符，或者有疑惑，就跳過這個步驟，只以命數為基準。使用簡單的黃金三角數所得的三個數字，可能會使錯誤率提高，因為有些人的生日數字根本不準。如果認為關於自己的描述並不準確，請就只看命數的解釋即可，然後不妨請教精通黃金三角數的人，或者參加相關主題的研習課程。

九種數字如何談戀愛

1數的愛情

1數人所需要的情人，必須能夠全心全意對待他們，關注他們，把他們當作生命中的第一。最重要的是，1數的人想當愛情關係裡的支配者，但是他們很少會承認這一點。假如無法主導這段愛情關係，他們可能會製造出各種麻煩，像是亂發脾氣、情緒低落、對別人調情、冷淡對待愛人。他們的這些技巧，對於沒有安全感和缺乏自信的人確實能夠奏效。而能夠和1數人長久相處的人，往往也是這種沒有安全感的人。恐嚇戰術會使得伴侶更賣力，更加聽話。於是1數人更可以控制一切，我行我素，彷彿他們不在乎這段感情關係、隨時準備分手。

2數的愛情

2數人通常不害怕愛情，只要覺得對方不錯，不管是長相不錯、財力不錯還是智力不錯，他們就很容易談戀愛。一旦成為愛人，他們就希望兩人親近，可能是肉體的親近，也可能是心靈的貼近。他們需要有人可以說話，與他們一同分析事物或提出批評。可以說他們在愛情裡很黏人，不在乎自己是不是支配的一方，只要兩人親近，只要他們能參與決定，他們可以接受對方的領導。如果感覺到愛情冷卻了、親密感消失了，他們會埋怨，變得鬱鬱寡歡，不斷評估兩人的愛情，想知道是哪裡不對勁、哪裡沒問題。如果伴侶決定分手，他們會抗拒；如果是自己想分手，他們會猶豫很久，因為不管兩人關係再怎麼糟，他們還是會看到好的一面，所以無法清楚判定這段關係究竟是好是壞。

3數的愛情

3數人不輕易愛上別人，因為他們心裡有一個完美愛情的典型，不會妥協。但他們最後往往會和一個他們認為「還不壞」的人談起戀愛。3數遇到了夢中情人，就會深陷情網，極可能是一見鍾情！這時候的他們彷彿置身天堂，喜歡伴侶的一切，完全不管這段關係是多麼不健康。一旦愛的激情消失，現實逐漸浮現，3數會開始施加壓力，要求對方改變，顯得十分固執而不講理，有時甚至會出現被寵壞了的孩子一般的幼稚舉動。如果沒有看到任何改變，他們會很不快樂，甚至揚言要分手；不過，假如伴侶真的是他們的理想典型，這種威脅就只是嘴上說說而已。萬一是伴侶提出要分手，他們卻可能勃然大怒，拒絕分手。假使關係結束了，他們還是會繼續愛著對方，直到遇上其他意中人，才能重新開始。

4數的愛情

4數人尋求安全感，而愛情關係確實可以提供安全感，因此4數可以說是最需要愛情的一群人。他們太需要安全感，所以有時候並不仔細挑選對象。若在情感上或金錢上得到了安全感，他們便會與對方交往。時間一久，雙方關係中的問題逐一顯現，他們就開始覺得痛苦了。由於4數討厭改變，即使自己已經痛苦得不得了，他們會想辦法至少讓伴侶接受現狀，承認問題，兩人繼續在一起。如果他們挑選到的是適合自己的人，這會出現另外的問題：愛情需要變化，才能常保新鮮趣味，但是4數的人偏好規律，讓事情保持原狀。對此，他們的伴侶常常抱怨，但是不會有用。漸漸的，不管是說出來的或是沒說出來的憤怒和厭煩感都會逐漸累積，使得雙方的關係迅速冷卻。除非努力改變，否則愛人最後會變成室友，愛意消失，但兩人還在一起。4數一直要到無法再從伴侶身上獲得信賴感或安全感的時候，兩人的關係才會破裂，否則絕不輕言分開。

5數的愛情

5數人想要的愛情對象是有趣的人，是他們可以尊敬和學習的對象，並且不多做要求又能給予他們自由。假如找到一個能符合這些條件的對象，他們會愛得很深，但他們不會盲目，或者只是一時盲目但很快就清醒。他們喜歡活在充滿愛意的時刻裡，活在愛的當下，時時刻刻衡量著這段愛情關係。假如情況出現不平衡，或者情況稍微有利於他們（這是5數比較自私的時候），他們會讓對方知道，必要時不惜吵架。嚴重時他們可能會說要分手，雖然他們很少有勇氣分手，除非已經找到新的愛情。他們天性不會把美好的過去當做一回事，這就會把比較需要得到關注、比較沒安全感的伴侶整得又疲倦又憤怒。愛必須有全然的獻身和勇氣，而5數在這兩項上面的表現都不行，於是往往覺得維持長期的伴侶關係是一大挑戰。能和5數廝守的人，必須是不太需要別人噓寒問暖、非常獨立又有自信的人。

6數的愛情

6數喜歡關心別人，照顧別人。於是愛情會變成他們的責任，而責任讓6數感覺生命完整充實。問題是，他們挑選到的伴侶常常是需要別人多付出的人，但這會讓6數的人覺得愛戀更深切。6數容易成為變色龍，他們的種種舉動只是為了贏得伴侶歡心。他們相信，假如多付出一些，伴侶就會更愛他們，並給予回報……，但這情形很少發生。付出了太多之後——通常是過了幾年以後的事，6數才感覺自己被利用，希望落空，沒有獲得愛的回報。這時他們會變得比較有控制欲、比較挑剔，非常不快樂。但是他們會繼續抓著這段關係，換成其他數字的人老早就放棄了。對於6數來說，放棄一段關係是非常困難的事，因為他們覺得自己多少要負一點責任，並且不願意傷害對方，不管對方是多麼糟糕的人。許多6數的人會因為這樣而弄壞身體，甚至以自殺來尋求解脫。

7數的愛情

他們很容易結識新人，很有機會發展愛情關係。一旦發現了一個值得他們學習的對象，他們就會主動與對方交往。他們的愛情模式很多愁善感而且多變：如果覺得這段關係很有趣，覺得可以從中得到成長，他們什麼都沒問題；但是假如關係變乏味了，或是他們因為覺得需要付出更多而感受到壓力的時候，他們就會開始抗拒。他們寧願一個人，或者和朋友相聚，而不想和情人在一起；就算撥出時間給情人，可能也只是吃飯、睡覺、上床等生活必要內容而已。眼看著愛情變糟，7數的人可能會耐著性子，遲遲不做最後決定。只要保有最基本的東西，他們可以等。即使知道事情不對勁，也不肯想辦法處理，寧願耗下去，等著有一天答案自行浮現。他們也可能變得很頑固，不願意承擔別人的不快樂。如果有人對他們不滿，那是對方的問題，不是他們的問題。

8數的愛情

8數的人說，他們要的是一個可以陪伴他們一起走人生路、一同分享生命的人——但這不是真的。事實上，從吸引他們的類型和交往的類型來看，他們感興趣的是有潛力的人，可能是潛力已經開發、也可能是尚未開發的人。8數人談起戀愛的時候，從一開始就想居於領導位置，先是在小事情上面督促對方，最後會要求對方在金錢方面有表現，並希望看到對方的成長。剛開始他們的這些努力會被看成愛意的表示。他們的確是想要幫忙，但也需要對方的肯定和感謝；假如伴侶想要反抗他們這些舉動，問題就會開始出現。8數具備堅強的信念，若有機會他們會是優秀的領導者。假如伴侶想要求去，8數會不懂為什麼，並開始懷疑愛情，信賴感潰散；兩人的爭執變激烈。如果伴侶無意退讓，那就只能分手。若是對方想分手，而兩人關係裡有孩子或經濟的責任要負擔，8數通常會不肯分手。

9數的愛情

在愛情裡，9數的人很浪漫。許多情歌和愛情故事都出自9數人。他們常會愛上有才華、有魅力、有意思的人，或者愛上那些承諾會讓他們的夢想成真的人。一直到面對了現實，發現自己的夢想無法達成，發現愛情不是他們所想的樣子——特別是如果他們老是遭到批評，這時他們的愛意就開始消退……。但是他們很少顯現出來，而會刻意幫助伴侶，拚命付出自己，以求改善兩人的關係。他們會努力讓一切看起來快樂，無視於現實，為伴侶付出更多，也試圖說服自己，但這樣做的結果通常是犧牲了自己的健康。如果最後雙方決定分手——通常會是伴侶先提出，分手過程也不會太輕鬆。9數的人一直在盲目付出，這時會覺得一切落空，覺得被人利用，他們的內心承受煎熬與衝突，因為他們覺得是自己讓伴侶失望，雖然事實可能根本不是這樣。

數字與數字的相處課題

1

1數與1數　同為1數的這兩個人，在生命中要的是同一種東西：獨立。因此他們彼此了解，相互協助，關係剛展開時一切都好。不過，由於兩人也都喜歡受人照顧，所以關係很快就會變得緊繃。雙方漸漸各自為政，比較喜歡和對方交朋友而不是當情人。

1數與2數　這兩人在生命中想要的東西恰恰相反。因此他們在許多方面可以互補，一方領導（1數），另一方追隨（2數）。問題是不久之後，1數的人開始索討，而且控制欲旺盛，開始威脅2數的人。2數的人感覺不到親密感，於是愛意就逐漸消失。

1數與3數　這兩人在許多方面可以相處融洽——至少在表面上融洽。如果3數所懷抱的理想跟1數所追求的目標是一樣的，他們就可以處得非常好。萬一這兩人的目標不相容，不久就會分道揚鑣，但不會失去對彼此的尊重——這種情形特別會出現在1數批評3數不切實際的時候，1數會覺得自己好像撞上一堵磚牆似的得不到回應。

1數與4數　這兩者對於能夠帶來安全感的東西都很有興趣，但兩人所需要的安全感並不一樣。4數不希望為了安全感而失去朋友，但是1數不介意。這兩人一開始時覺得很投契，也有可能維持很久，但等到兩方都得到自己想要的東西，不論是名是利、是新歡或其他形式的安全感，這兩人就不再要好了。

1數與5數　兩人都想看見戀情日漸成長。1數讓5數得到了他們所沒有的領導和勇氣，問題是1數會因為感受到競爭而覺得受到威脅。不用多久，1數會使喚5數，以此測試其忠誠度，而5數會認為這是侮辱，不願忍受。

1數與6數　1數希望有人來照顧，而6數希望有人可以讓他付出。這真是最好的安排了。但是這場關係維持不了太久。因為6數不久就會覺得心力交瘁，起而反抗，逐漸失去愛意。

1數與7數　關係剛開始時，兩人因為彼此對於生命抱持著相似的想法而接近對方。不過1數遠比7數主動積極，而7數喜歡輕鬆舒緩的方式。1數若因為7數的慢動作而受挫，兩人就會爭執，對於應該由誰來做決定吵嚷不休。萬一分手，過程會很複雜。

1數與8數　8數會被1數的潛力吸引，在對方身上看到領導能力和領袖魅力。問題是兩人很快就會開始競爭，爭奪主導權。最後，1數會不管8數怎麼想而取得他想要的部分，但發現根本無法說服8數。兩人的愛情由此開始冷卻。

1數與9數　1數通常會覺得9數很有趣，交往之後，9數會想盡辦法照顧1數，但等到1數開始想要掌控事物，9數就會感覺受傷。萬一9數覺得被利用了，這段關係就會結束。

2

2數與1數 見前述。

2數與2數 這兩個人馬上就找到自己最渴望的親密感和熟悉感，開始彼此依賴，越來越黏人，不久就開始覺得被對方利用，兩人都會覺得對方自私。愛情因此逐漸消磨，但是即便兩人都很不快樂，他們的分手也會很痛苦。

2數與3數 這個2數假如是3數心中的理想類型，他們的愛情就會順利展開。為了幫助3數，2數這一方會開始分析與批評對方，但這會惹惱3數。等到兩方都找到新的戀情之後，兩人才會分手。

2數與4數 兩人開始時都很喜歡這份愛情所帶來的安全感。一旦2數改變心意，讓4數覺得沒有安全感，兩人原有的信賴感受到破壞後，問題就來了。假如4數開始認為2數有所欺騙，或者不值得依靠，兩人關係就出現了危機。

2數與5數 這兩人很能彼此溝通，但對於愛情關係中的互動方式有不同的看法。5數喜歡自由，花在培養關係的功夫有限，但2數只想依賴。這種差異使2數的人感覺空虛，使5數生氣，不懂為什麼2數好像缺乏自信、又想控制他們。等到5數不再有愛意的時候，兩人便會分手。

2數與6數　這兩人都喜歡照顧人。但是2數似乎會漸漸變懶，而6數會覺得自己被佔了便宜。2數的這種傾向假如變強，6數會開始後悔自己所做的犧牲，想放棄這段關係。於是2數開始說些模稜兩可的空話，因為無法決定要怎麼辦，最後關係便結束了。

2數與7數　這兩個數字的人都喜歡質問和分析事物，兩人往往也因為這一特性而開始交往。然而2數一直需要親密感和熟悉感，但7數不是這樣的人，於是漸漸愈來愈喜歡獨處。等到2數沒有感覺到被愛的時候，關係就會破裂。

2數與8數　兩人都喜歡親密感，以及愛情關係裡的情感層面，但是2數的優柔寡斷促使8數開始想要掌控兩人的關係，催促2數做決定、主動出擊、追求獨立、不斷上進，這使得2數感覺孤單，不被理解。不久愛意就會消失，關係結束。

2數與9數　乍看之下，這兩人對於愛情的親密感有同樣的想法，戀情由此而生。不久，2數開始批評9數的輕鬆自在並提出建議。9數的人不喜歡這樣，於是2數的人開始失去對9數的敬重，愛情逐漸遠去。

3

3數與1數、3數與2數　分見前述。

3數與3數　如果這兩個人有同樣的理想類型，愛情關係會有如天作之合。一旦面對了現實，若發現不是最初所期待的樣子，他們都會拒絕接受現狀，開始愈吵愈兇。兩人還在一起，但開始感覺寂寞，等到遇見了更符合自己理想的新伴侶時，就會分手。

3數與4數　假如兩人所期待的是相同的事物，特別是其中一人有經濟能力或其他能力可以形成安全感並實現夢想時，他們會很快樂。然而4數的現實感會讓他想要改變3數，但這是不可能的任務，因為3數不會忍受太久。最後，兩人互爭主導權，導致愛情結束。

3數與5數　兩人可以溝通無礙，都善於處理社交關係，所以很容易在一起。漸漸的，5數覺得3數太過固執，對於5數所要的自由很沒有安全感，於是3數就幻想控制5數。這將會導致關係結束。

3數與6數　兩人都喜歡幫助對方，從內在或外在改善種種事物，因此戀情很容易展開。不過，6數會不喜歡3數的膚淺，看不到自己的努力有何意義，因而感到生氣。到了兩人都對彼此失去尊重之後，愛情不再存在，於是關係結束。

3數與7數　7數喜歡3數的開朗，喜歡他們知道自己要什麼。但是7數不久就會對此提出疑問，但是3數會有遭受人身攻擊的感覺，漸漸失去了愛意。7數試圖彌補，但3數一旦受到傷害，復原的速度是很緩慢的，終致關係終結。

3數與8數　3數的理想條件很高，8數會受到這一點吸引。開始時兩人處得不錯。但8數終究會知道如何改善目標或策略。如果3數不表同意或甚至排斥，表現出固執的一面，兩人的關係就會陷入低潮，迅速終結。

3數與9數　3數和9數可能是最有趣的兩種人，因此只要這段關係只是為了好玩，就不會有問題。一旦事態變嚴肅，兩人面對現實，關係可能轉趨消沉。9數努力照顧3數，但覺得對方似乎並不感激，萬一始終無法取悅3數，兩人關係便會破裂。

4

4數與1數、4數與2數、4數與3數　分見前述。

4數與4數　剛開始，這兩人通常會覺得找到最適合的伴侶了。不過兩個4數的相處漸漸變得單調無趣。於是他們開始尋找其他比較有趣的東西，例如致力於事業或另結新歡，導致愛意逐漸流失。不過他們分手的過程所需要的時間會比其他配對更久。

4數與5數　5數喜歡受到疼愛和照顧，而4數天生就能提供這些呵護。當4數開始抱怨5數善變，這時就會出現問題，尤其是到了4數無法從對方獲得安全感而試圖控制5數的時候，關係就完了。

4數與6數　兩人彼此照顧，因此一開始時兩人都會很快樂。假如兩人的關係出現問題，原因不是4數照顧得太好了，使得6數感到無用武之地，就是因為4數讓6數付出太多，而使6數產生被利用的感覺。

4數與7數　7數喜歡4數的穩定，而4數可以對7數提出有用的建議。當4數無法從7數獲得安全感，譬如7數想要自己的空間或者想要自己一個人去做什麼事情時，4數會提出過分的要求，這就會使得雙方都覺得對方不愛自己。

4數與8數　一開始，4數會敬重8數的勇氣、不畏風險、敢於建立安全感的進取心。但是隨著若干冒險的失敗，4數會試圖控制8數，於是開始互爭主導權，因而摧毀了愛情。

4數與9數　4數會以為遇到善良的人，只需要幫個小忙就可以讓他成功，所以很樂意協助。然而一段時間之後會發現，9數天生愛作夢，不肯接受務實的建議。4數若覺得9數無藥可救，便會放棄這段關係。而9數在受到批評或控制的時候會感覺不到對方的愛。

5

5數與1數、5數與2數、5數與3數、5數與4數　分見前述。

5數與5數　兩個5數，可以了解彼此對於自由和空間的需求，所以兩人在一起很有機會得到快樂。但假如有一人感覺對方享有太多的自由了，兩人關係就會出現不安感。只要他們試圖影響對方，就可能被視為控制，而愛情會逐漸消失。

5數與6數　5數喜歡6數給予關注和照料。然而，5數以為6數這樣做並沒有私心，是一種個人行為的抉擇，並不求回報。一旦6數得不到心裡期待的東西，就會覺得疲憊，而對5數提出要求。這會使兩人關係冷淡，最後分手。

5數與7數　兩人喜歡的事物很類似，所以開始時一切順利。然而，一旦兩人開始認真對待這段關係，7數從5數身上得不到安全感，於是試圖掌控事物。這會使愛情冷卻，使得兩人都覺得不如只做朋友就好。也有可能兩人各有各的事業，與對方在一起的時間愈來愈少，終而導致同樣的結果。

5數與8數　8數覺得和5數在一起會帶來許多回報，而5數也喜歡8數的勇氣。然而8數對於事情和時間很有規劃，5數卻沒有。於是8數會給5數壓力，不久5數就會失去對8數的尊敬，特別是如果8數所使用的手段不太公允，或者實在管得太多。感覺冷卻後，爭執出現，導致關係破裂。

5數與9數　這兩人在一起趣味橫生。5數喜歡也重視9數對其他人的關懷。這兩人的問題出在9數對於目標非常投入而且忠誠。他們希望5數也能加入，共同完成目標。5數起初可能會同意，但是如果看起來要犧牲很多個人的自由，關係就可能會破裂。

6

6數與1數、6數與2數、6數與3數、6數與4數、6數與5數　分見前述。

6數與6數　兩個愛照顧別人的人在一起，顯然可以彼此照料。問題是這種關係並不容易平衡，如果最後變成其中一人做得比另一方多，於是感覺被利用、對方不愛自己。付出較少的一方開始失去對伴侶的興趣，而把對方的付出視為理所當然，導致兩人之間出問題。

6數與7數　7數欣賞6數有能力看出事情的問題，並加以修補。7數個性裡也有這種特質，但兩者的動機不同。6數這樣做是因為這可以為生命帶來意義；7數則是為了「也許」能因此找到生命的意義而這樣做。7數看到6數不加思索就付出會覺得無奈，而6數會很氣7數一定要經過仔細算計之後才肯付出。最後，6數失去對7數的尊重，分手之日便不遠了。

6數與8數　6數喜歡8數的果斷進取，特別是8數所採取的行動都會有回報，而這是6數需要學習的課題。但如果8數逼迫6數做出不合他們個性或價值觀的事情，問題就發生了，而且千萬不能是欺詐或會傷害他人。兩人之間出現爭奪控制權的情形，愛情關係就愈來愈沒有吸引力了。

6數與9數　6數很喜歡9數的單純，覺得終於找到一個可以合作的人，一個他們可以提供協助、也可以獲得協助的人。直到有一天，6數覺得9數對於兩人的愛情不夠專注，這時問題便產生。6數希望9數能給出某種程度的回報，而且是只給自己的特殊待遇；但9數認為對所有人都該一視同仁。最後，愛情將逐漸消失。

7

7數與1數、7數與2數、7數與3數、7數與4數、7數與5數、7數與6數　分見前述。

7數與7數　兩個7數在一起時非常有趣。但是如果太忙著自己的事，沒有把心思放在對方身上，問題就來了。其中一方想做自己的決定，這時兩人都會停滯不動，關係緊張，彷彿雙方都不願意讓對方快樂。漸漸的兩人都只想獨處，使得這段關係不再有意義。

7數與8數　7數喜歡8數的積極，把7數的想法化為現實。假如合作愉快，則兩方都快樂。但8數會開始想主導，而7數不能忍受別人主導。8數假如太過積極堅持，並且不願接受新想法，7數就會開始覺得這段關係很沒意思，而8數對於7數的緩慢感到不耐煩，導致關係結束。

7數與9數　7數喜歡9數的單純天性。但9數不喜歡7數的凡事慢吞吞和意見多，覺得7數太自私。如果7數企圖改變或掌控9數的夢想，9數會感到挫折。於是7數開始質疑9數的真實動機，導致愛情逐漸降溫，但過程會拖得很久。

8

8數與1數、8數與2數、8數與3數、8數與4數、8數與5數、8數與6數、8數與7數　分見前述。

8數與8數　看起來是彼此最好的朋友，很快就一起做計畫。然而，沒有人知道他們兩人是為了什麼而在一起，是真心相愛，還是利用對方而另有企圖？還是為了名利、人脈、安全感？隨著關係進展，兩人都想主導，都不願意被控制。最後，爭吵毀掉了信任和愛情，不過兩人不會馬上分手，因為兩人對於這段關係所抱持的目的都不是那麼單純。

8數與9數　8數被9數的才華和風趣深深吸引。問題是8數不能眼看這般才華沒有充分發揮。8數會催逼9數做出成績，追求發展，但所用的鼓勵方式和所追求的目標並不符合9數的傾向。衝突不久即導致兩人各行其是，一直到兩人各自找到新歡。

9

9數與1數、9數與2數、9數與3數、9數與4數、9數與5數、9數與6數、9數與7數、9數與8數　分見前述。

9數與9數　當兩個9數擁有同樣的信念和人生使命，兩人就會開始交往。然而，人生使命往往是一項全職的工作。雙方把時間都花在實現目標時，共處的時間就變少，不久兩人都覺得愛情不是一切，最後也許會認為這段愛情是追求目標途中的阻礙。

5

相容、衝突與解決之道

黃金三數化解衝突

「黃金三數解讀命盤法」是用三個黃金數字來代表整個命盤。找出了這三個數字，並分別了解它們的意義之後，會發現它們相互之間常出現矛盾。舉例來說，如果黃金三數裡包含了數字1與2，那麼到底這個人是想獨立，還是希望依賴？是想當帶頭的人，還是跟從的人？這兩端的衝突是非常嚴重的。

一張命盤一定不會只有一個數字，所以必定會有衝突。唯有了解數字與數字間的衝突，以及知道如何化解其間的衝突，才談得上開始解讀命盤。

數字與數字間的關係，以及哪些數字比較相容，可用若干基本原則來說明。一般說來，雙數與雙數比較相容，而單數則與單數比較合得來，但這不表示任何一個雙數都與另一個雙數相配，或者任一單數都能與另一單數速配。下頁圖可以說明它們之間的相容性。

從圖中可以看到，實際上有四個彼此相容的群組：「1－3－5」、「2－4－8」、「2－6－8」、「7－5－9」。這些成組的數字相互間具有所謂的相容特質。用這個群組的特性，就可以在有人問到他與誰比較合適的時候給個基本的回答。

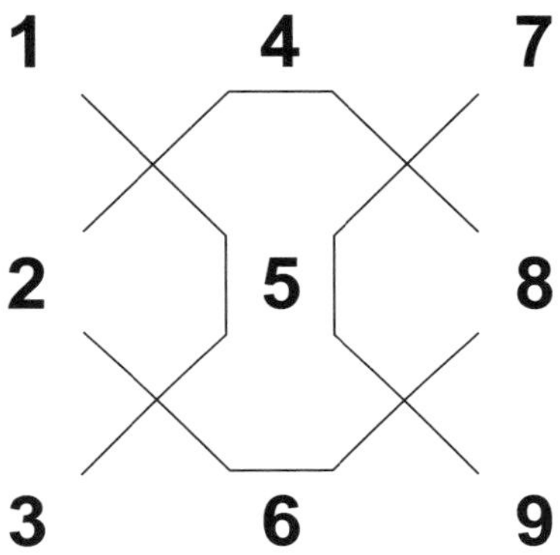

數字的相容關係

1. 一般來說，雙數與雙數相容，單數與單數相容。

2. 更進一步說，有以下四個相容的群組，它們彼此相容，如上圖所示：

1 — 3 — 5

2 — 4 — 8

2 — 6 — 8

7 — 5 — 9

如果相容與否僅僅根據一個數字就能解釋，那麼上述四個群組就能說明誰與誰比較相配。然而，沒有人只靠一個數字就說明了全部特質，因此必須觀察所有組合的可能性，才能更知道其間的相容與衝突的程度。

在此同時，我們也必須為命盤上的衝突找出一個可以代表解決之道的數字。本書將只提出一個數字當作解困之鑰。代表解決之道的數字，是建議的修正方案，讓我們得以集中才華與風格，以此化解自己的衝突。例如，如果有1與2，既想獨立又想依賴，就很難快樂。每當採取獨立一點的行動，卻又同時覺得寂寞，渴望依賴的那一面得不到滿足。上述這種衝突的解決方案是：調整成4數的特質。4數的特質是建構安全感、結交長時間的老友，但不過度依附朋友，因為4數的人生課題在於認識到真正的安全感來自於發展自己的天賦才華。

請參照〈數字裡的命運與機會〉的說明，算出「黃金三數」，然後再對照下頁起的表列，找到自己的「解決之數」。

運用「解決之數」的方式是，先認識與接受這個數字的特性，然後想辦法在生活裡引進它的影響力。本章隨後將介紹許多運用方法，包括效法該數字的性格特質，學習它的人生課題，或是藉由採用我所提示的建議（例如更改電話號碼、地址、飲食、穿著、顏色及音樂等），盡量把那個數字的影響力引進生活，讓它的力量充分發揮。在生活中越是多多引進這個解答之數的影響力，就越能紓解命盤中的內在衝突，讓我們覺得完滿，滿意自己的生活，更了解自己的天賦，並懂得如何結合運用。

引進新的數字影響力

數字學揭示了數字對於人生所造成的影響力，但它的威力不僅如此。就像畢達哥拉斯曾指出的，「一切都是數」，我們可以充分運用這套系統來呈現生活裡的所有事物，一旦可以做到這點，我們就能為自己的生活引進新的作用力。

如果能明確知道是哪些因素影響了居家、飲食、穿著，以及一切日常瑣事，就能立即明瞭是哪些因素使得自己無法成功。我們可以用改變行事風格、飲食方式等方法來幫助追求事業、達到身體健康。這套經由數字所揭示的生命密碼，就成了能讓美夢成真的魔術密碼。但為什麼數字具有這些力量？

要了解為什麼數字有這些力量，應該要深入了解這些數字的意義是如何創造出來的，可是這個題目很大，本書不在此贅述。僅著重於列舉數字的作用。

黃金三數的解決之數

查索以下列出的黃金三數組合時，不需要完全依照順序排列，只要這三數是自己的黃金三數即可。

黃金三數	解決之數	黃金三數	解決之數
1－2－3	5	1－5－7	5
1－2－4	4	1－5－8	5
1－2－5	5	1－5－9	5
1－2－6	4	1－6－7	4
1－2－7	5	1－6－8	4
1－2－8	5	1－6－9	3
1－2－9	5	1－7－8	5
1－3－4	1	1－7－9	5
1－3－5	5	1－8－9	5
1－3－6	3	2－3－4	6
1－3－7	5	2－3－5	5
1－3－8	5	2－3－6	6
1－3－9	5	2－3－7	5
1－4－5	1	2－3－8	5
1－4－6	4	2－3－9	5
1－4－7	4	2－4－5	2
1－4－8	4	2－4－6	2
1－4－9	7	2－4－7	4
1－5－6	3	2－4－8	2

黃金三數	解決之數	黃金三數	解決之數
2－4－9	6	3－7－8	5
2－5－6	2	3－7－9	5
2－5－7	5	3－8－9	5
2－5－8	5	4－5－6	2
2－5－9	5	4－5－7	7
2－6－7	4	4－5－8	8
2－6－8	6	4－5－9	7
2－6－9	6	4－6－7	4
2－7－8	5	4－6－8	6
2－7－9	5	4－6－9	6
2－8－9	5	4－7－8	4
3－4－5	1	4－7－9	7
3－4－6	6	4－8－9	6
3－4－7	1	5－6－7	9
3－4－8	6	5－6－8	8
3－4－9	6	5－6－9	9
3－5－6	3	5－7－8	5
3－5－7	5	5－7－9	5
3－5－8	5	5－8－9	5
3－5－9	5	6－7－8	4
3－6－7	9	6－7－9	9
3－6－8	6	6－8－9	6
3－6－9	6	7－8－9	5

數字如何發揮作用？我們用下面的例子來說明。在中國人的風水觀念中，認為居住在格局方正的房舍最能為家庭帶來和樂吉祥；數字學也指出，住在四方形的房舍會帶來數字4的影響。這就使得安全感成為了生活中非常重要的課題，我們都願意努力工作以建立安穩的生活，我們思考方式謹慎保守，也都希望擁有親近的友人。這些努力都能為我們創造安全感、穩定的金錢收入和快樂幸福。

談到這裡，也許有人會認為，果真如此的話，那不是每一個人都該住在四四方方的房子裡嗎？然而，並不盡然如此。每個人都是獨一無二的個體，情況也各異。張三的人生一直以追求安全感為目標，但始終事與願違，而他也無法從生日或任何其他重要的號碼中取得4數的影響的話，那麼住在四方形的房舍對他來說就是個不錯的主意。但李四已經承受了過多4數的影響，住在四方形的房子反而會使他對安全感的意識過度膨脹到了不健康的程度，造成他所有的考量都以經濟上的安全感為出發，甚至極可能賠上健康與感情。王五是個創意型的人，住在方方正正的房子反而會箝制想像力的發揮，為他平添無謂的挫折而影響健康。

用數字學的眼光，可以認識到數字在生活環境裡一切事物上的影響與作用。請參考下面列舉的項目，想辦法在生活裡多方擷取自己的「解決之數」的影響力。

擷取數字的能量

我們可以在工作上利用數字的力量為我們取得恰當的助力。例如，從事創意工作的人，需要想像力方面的激勵；眼前有個重要約會，需要運用能增進情愛關係的激勵；如果正在準備一場演講或業務拜訪，需要的作用力最好能符合自己打算推動的主張。可以先閱讀下面的概述，再在後面的列舉項目中挑選細項。

1 數的力量

適用於以下情況：想要有動力、靈感、啟示、刺激誘因；需要領導、做決策、獨立自主時；必須化繁為簡時；需要新點子或活力時。

2 數的力量

適用於以下情況：需要耐心或彈性；想改善人際關係（特別是愛情）時；需要關照細節；想幫助協調事與人；需要深入思考問題時；必須有所掩飾或表演；需要寫作；需要找門路開發利潤。

3數的力量

適用於以下情況：需要發揮創意；需要創造出與美有關的產品；客觀察看；需要開心享樂或參與宴會之類的公開活動；需要為人助興或協助公關事務；想要確認自己真正的夢想；促銷商品；照顧別人。

4數的力量

適用於以下情況：需要建立安全感或營造安穩牢靠的感覺；需要找到方法改進事物；需要釐清問題所在；需要確保品質；想與朋友及心愛的人建立緊密關係；需要財務上的安全感。

5數的力量

適用於以下情況：需要用語言表達情感時（如演講）；銷售業務；發揮政治手腕；表演；需要挺身爭取自己權益；想運用感官完全體驗（味覺、嗅覺等）；想認真聆聽他人說話；想為自己擬定計畫爭取自由；想鼓勵別人；想寫出受人歡迎的題材；想贏得群眾愛戴。

6數的力量

適用於以下情況：想為別人解決問題；需要修理東西時；必須承擔新的責任時；想改善愛情關係；必須兼顧理想與現實；自己的問題已經解決而自願助人的時候；希望別人記得自己是個好人。

7數的力量

適用於以下情況：需要清楚了解事情；需要審查品質、深入調查；需要花較多時間做決定；需要從問題中找出捷徑；想要得到幸運之神的眷顧；知道別人在說謊而需要查明真相時。

8數的力量

適用於以下情況：想成為剛柔並濟的領導人；想成為企業大亨；必須處理重大問題時；必須找出經營事業的方法及開闢新財源時；想幫助朋友或子女發展潛能才華；想參與宗教或政治事務。

9數的力量

適用於以下情況：需要運用想像力；需要帶給別人歡樂；需要發揮人道精神；需要創造夢想並逐步實現；想要輕鬆面對事情；想有一段歡樂時光；想避免功利的思維方式；想要有超脫世俗的思考；不想擺出嚴肅姿態的時候。

想要擁有1的力量

吃這些食物：只吃單單一種食物。

「單一食物飲食法」(mono diet)具有強大的療癒力，因為此法不會加重消化系統的負擔，而又能快速提供身體營養。需要體力與耐力的時候採用這種飲食法很有效。最棒的單一形態食物是蜂蜜，不妨在飲水裡加蜂蜜，當作補充精力的食物。此外，肉類、堅果等蛋白質或者水果也是不錯的選擇。也可以吃漢堡、水餃、包子之類的單一形態食物，但效果稍遜，因為澱粉都要經過處理才能成為可食用的食物。

使用這個顏色：紅色。

紅色是彩虹的第一色，代表活力和衝動，在找工作、談生意、尋找情人時不妨多用包括粉紅色在內的各種或深或淺的紅色來提升精力。

穿出這類風格：獨特。

數字1的風格在於獨特，所以就用衣服、顏色、珠寶、配件、髮型等等穿戴出自己的特色。只要打扮得和別人不一樣，就能發揮數字1的效果。

聆聽這些音樂：把單純的元素用戲劇化的方式演繹出來的音樂。

例如有經典意義的歌曲，如滾石合唱團的〈Can't get no satisfaction〉、小理查（Little Richard）的〈I feel good〉，或是墨西哥民歌〈La Bamba〉等歌曲。此外，舞曲、軍歌，或是電影《桂河大橋》的主題曲〈布基上校進行曲〉（Colonel Bogey March）那樣的口哨行進曲也有1數的效果。

想要擁有2的力量

吃這些食物：所有液態的食物。例如飲料與湯品。

液體很足以代表2數的特質：連結或依附。在一切物質裡，只有液體無法切割成塊狀或分成幾部分，卻是永遠以「一體」的方式呈現。

方法一，把湯當作正餐內容，不吃其他固體食物。很多亞洲國家的飲食裡面都有以湯品為正餐的習慣，這說明了他們的文化受到2數影響之處。

方法二，與朋友一起喝杯飲料，不管喝茶、咖啡或酒都可以。「喝飲料」這件事，本質上就是為了建立感情。而互相敬酒很明顯就是為了要拉近距離。

其實，與另一個人一起吃飯或喝飲料，自然就會形成2數的力量。重點是與另外一個人一起，而不是另外一些人。與兩人以上一起吃喝所形成的效力是不一樣的。

與另一人一起吃或喝東西時，假如對方的速度較慢，要等對方吃完或喝完。喝每一口時都邀對方一起，兩人的節奏要相近。

使用這個顏色：橙色。

橙色是彩虹的第二色。若想讓別人覺得合群，與大家同在，就用橙色。有幾個印第安部落和東方的宗教要求他們的族人或信徒穿上橙色的衣服，以此表示同心、純淨

穿出這類風格：協調的搭配。

只要配色和諧，形式搭配，不需要特意標新立異。但要穿得像是花了很多時間與金錢才做出這樣的搭配。但當然並不需要真的花很多錢或傷太多腦筋。

聆聽這些音樂：情歌。

2數的力量是在告訴另一個人自己的愛意，希望對方對自己好。全世界的文化都有自己的情歌，其中以地中海國家和拉丁民族的音樂是最明顯的2數音樂。

想要擁有3的力量

吃這些食物：好看、受大眾歡迎、容易入口，但有些不太有營養的食物。例如糖果、巧克力、洋芋片、炸薯條等等垃圾食物。

吃太多垃圾食物是非常不健康的。為了身體著想，最好改吃番茄、木瓜、鳳梨、香蕉等色彩鮮豔又單純易消化的食物，這些都是不錯的3數食物。

使用這個顏色：黃色。

黃色是彩虹的第三色，也是太陽的顏色。黃色讓人覺得樂觀，並帶動大腦活動。想要發揮創意的時候，穿上黃色很有用。假如要銷售的是低成本的大眾商品，黃色有助於刺激買氣。

穿出這類風格：時尚流行與品味。

掌握趨勢，穿出流行。化妝，戴首飾配件妝扮自己，把自己打扮得像是從服裝雜誌裡走出來的模特兒就對了。

聆聽這些音樂：單純的、輕柔的、往往也出現重複音節的音樂。

例如搖籃曲、童謠、大眾流行歌曲，或是〈聖誕鈴聲〉之類的聖誕歌曲。

想要擁有4的力量

吃這些食物：鄉村食物或山野料理。

例如愛爾蘭人或德國人等歐式料理常以肉類搭配馬鈴薯的吃法。4數食物的味道單純，但吃得飽。由於這類食物不使用複雜的醬料，多半用水煮或烤製的單一烹調法煮成，所以易於消化。但有時候會因為肉本身的脂肪含量和淋在馬鈴薯上面的奶油而攝取了過多的脂肪。此外，麵包、米、玉米也是4數食物。全世界各地的人幾乎都以這三種裡面的一種作為主食，它們帶給人穩定安全的感覺，讓人一看到就覺得會吃飽。

使用這個顏色：綠色。

綠色是彩虹的第四色，是植物的顏色，代表健康與成長。有些外科醫生進入手術房，穿著綠色手術袍，也可以讓病人覺得有信心和安全感。很多社會工作組織也會選用綠色。

穿出這類風格：保守傳統的風格。

整齊的短髮、乾淨清爽的衣服、不引人注目，鞋子擦得閃亮，皆符合4數的穿衣風格。又像是星期天上教堂或教會的穿著。這種穿著方式在很多談生意的場合可以傳達出有利的訊息。（不過這可並不是適合談戀愛的穿著風格！）

聆聽這些音樂：古典音樂。

又名「完美音樂」的古典音樂，沒有臨場反應和即興表演這回事，也不能改變原曲的創作。對於4數來說，所謂好的表演和演奏者，必須能夠忠實呈現原曲的原汁原味。這正是4數的天分：把雙眼所見到的事物如實複製出來，甚至做得比原來更好。

想要擁有5的力量

吃這些食物：美味的食物。

醬汁讓食物更美味。義大利菜、法國菜、中菜等以醬料取勝的料理就是5數的食物。因此屬於5數的食物都需要一點技巧才能烹調出來，不見得一定健康，但口味比較豐富而稍微複雜。5數的影響力非常重大，因為它是所有數字相互間的連結點。吃美味的食物很重要，找時間吃一頓大餐，食物端上桌時先聞一聞香味，碰一碰食物感覺它的觸感，然後細細嚼，在嘴裡充分品嚐後再嚥下。

使用這個顏色：藍色。

這是彩虹的第五色。廣闊的天空和一望無際的大海都是這個藍——看到藍天大海時是什麼感受？會覺得人生開朗、機會無限、自由自在。假如想讓別人覺得可以從自己身上學習到東西，就穿藍色吧。

穿出這類風格：有品味但不浮誇的風格。

就像電影明星或政治人物的穿著，好看而不誇張，稍微低調，不刻意引起注目。5數的穿著方式很自由，大部分時候不必特別在意打扮，但萬一要站上舞台或講台，面對大眾時，就穿出一種具備時尚感但帶有古典氣質的裝扮。

聆聽這些音樂：流行搖滾，尤其是嘻哈音樂。

凡是能表達出好玩、爭取自由或平等、發洩不滿的音樂，或是能夠刺激思考、在遊戲中表達意見的音樂形態都屬於5數的音樂。例如某些帶有政治訴求的歌曲和電影主題曲。

想要擁有6的力量

吃這些食物：具有治療效果的食物，例如蔬菜；或是有療效的飲食法，例如素食。

屬於6數的飲食方式要從「食物可以治病，也可以致病」的角度來看。很多人認為吃素對身體好，所以從某方面來說，蔬菜是6數的代表食物。蔬菜可以排除毒素、讓身體重拾活力。很多蔬菜都有醫療效果，所以可以嘗試在一段時間裡三餐只吃蔬菜，或者是一定要定期吃大量蔬菜。此外，大蒜、洋蔥、薑具有消毒殺菌的效果，都是典型的6數食物。

使用這個顏色：靛青色。

這是彩虹的第六色。古時候的人用靛青色來印染國王或宗教領袖的袍子。靛青色展現出皇家一般的高貴氣質，以及絕對的權力和責任。如果希望別人覺得我們足以承擔責任並處理一切難題，穿上靛青色可以幫助我們傳達這種訊息。

穿出這類風格：實用而健康的風格。

用自然材質製成的衣服，輕鬆而舒服的服裝，最好能有很多口袋，根本不在乎流不流行。大致說來，休閒式的、不怕弄髒的衣服就是6數的風格。

聆聽這些音樂：流行情歌，以及有治療作用的音樂。

屬於6數的音樂很像2數的音樂，但具有更多與「愛」有關的氣氛，例如傷心的情歌，或是一往情深苦苦等候情人回頭的悲情歌曲。此外，雷鬼（Reggae）音樂也是6數的音樂。雷鬼樂具有催眠效果的節奏、懶洋洋的低吟，以及有鼓勵含義的歌詞，加起來形成了強大的療效。任何有節奏的音樂都有6數的效果，包括各種世界音樂和傳統音樂。

想要擁有7的力量

吃這些食物：以新鮮食材為基礎的簡單而營養美味的食物。例如日式食物裡的壽司、生魚片、微炸過的炸物、燒烤食物。

這類食物以海鮮和肉類為主，但非常注重鮮度和品質。海鮮或肉類只要夠新鮮，不需要沾任何醬料就很好吃。7數食物享受的是食材本身原有的鮮甜美味。日式食物最具有7數的效果。

使用這個顏色：紫色。

紫色是彩虹的最後一色，也是人類肉眼所能見到的最高頻率。很多宗教學者或心靈導師認為，紫色代表人與神的連結。穿上紫色，可以立刻引起注意，也會帶來好運。

穿出這類風格：沒有特殊要求，但是非常注重品質與做工。

7數的服裝風格不容易精準描述，但想想爵士樂手和瘋狂科學家都怎麼穿衣服的？他們往往披了件過大也過時的西裝，卻配上顏色鮮豔的襯衫和新潮的鞋子——這正是絲毫不受拘束的7數服裝搭配法之一，任何衣服都可以穿上身，只要衣料好並且注重做工。屬於7數的服裝絕不接受品質低劣的東西，很注重產品是如何製成的、應該如何洗滌和修補。

這也意味著在買衣服之前要做點功課，不能說買就買。不必趕時髦，但其他懂衣服的人都會讚賞這個選擇，這就是7數的風格。

聆聽這些音樂：從流行音樂、爵士樂到印度音樂和中東音樂，範圍廣泛，但必須是用高超的技巧演奏出來。

「完美」和「自由」是7數音樂的重點。需要用高超的技巧來演奏。而高超的音樂演奏技巧來自於長年的訓練；當然也需要一雙挑剔而精準的耳朵才聽得出來。

爵士樂是7數音樂，因為它有助於讓心思專注在眼前的可能性上面，讓人在無情的世界裡還能感受到希望。所以很多咖啡館要播放爵士樂。

另一種選擇是某些暢銷但非常獨特的歌曲，例如〈Never on Sunday〉。

想要擁有8的力量

吃這些食物：刺激性的食物，以及增強精力的食物。

中菜裡面用了不少具刺激性的香辛料，這些就具備8數的效果。而很多人吃生蠔、夏威夷果、人參、香菇，是為了得到某些對身體有特定作用的刺激性。運動員在比賽前會吃很多碳水化合物，這是為了增加體力。

想要得到食物裡的刺激性，首先得了解哪些食物有哪些刺激作用。所以得先累積一點相關知識，才能吃對食物。

此外，假如我們正想做一筆生意，而交易的對象認為我們很有錢，那麼不妨帶對方去吃一頓豪華大餐，這樣也可能會有8數的效果。

使用這個顏色：金色。

從幾種東方的文化和宗教裡面看得出來，金色與8數有關。金色是佛教的顏色；在以前的中國，只有皇帝能穿金色。金色被看成是智慧和權力的象徵色。因此，金色的服裝和珠寶首飾就傳達出成功的氣息和成長的契機。

穿出這類風格：看起來有錢的打扮。

穿上名牌服飾，而且衣服上清楚顯示出該名牌的品牌符號。戴上家裡最昂貴的首飾，開一輛既昂貴又有價值的車。總之，讓別人一看就知道我們很有錢，可以把錢交給我們運用，那麼就等著賺錢吧。

聆聽這些音樂：九個數字裡最情緒化、最煽情的音樂。國歌是其一，輓歌也是一例。傳達出強烈政治訴求的流行歌曲，或是某些流行於越戰時期和女性主義興起時期的歌曲，都是屬於8數的音樂。很多企業、學校、社團往往有自己的企業之歌、校歌、團歌，目的在於強化團結心並開發潛力。此外，凡是容易上口並帶商業氣息的廣告曲，都有8數的效果。我們常常發現自己不經意就哼起某首廣告歌，甚至一整天縈繞在腦海裡。

想要擁有9的力量

吃這些食物：酒精飲料，或是吃著好玩但也有營養的食物，例如花生、堅果、水果乾、香腸、炸花枝等下酒菜或西式開胃菜。

9數與2數的喝飲料有一點相似，但兩者目的不同。2數的作用是為了建立感情而喝酒；但9數的喝酒純粹是為了玩樂、與一群人同歡。而9是數字簡譜裡頭高八度的2，所以兩者有那麼一點相似。

此外，冰淇淋、蛋糕、烘培的麵包派餅等點心類的食物也是9數食物，吃它們時會覺得雖不是正餐、但有趣又能填一點肚子。

使用這個顏色：白色。

9是最後一個數字，而9不管與任何數字相加它都會不見，例如4加9等於13，所以

9可以加入一切數字，也可以說它是所有數字的一部分。所以，把所有顏色（光）加起來就是9的顏色：白色。

醫生與護士大都穿白衣，某些宗教領袖穿白袍，有些服務業的制服是白色，這可不是沒有原因的。因為他們想讓別人感受到乾淨、誠實、純潔、信任。當我們想全心工作，一心只求別人的好處時，可以穿白色。

穿出這類風格：有舞台氣息的服裝。

僧侶袍也可以穿去參加派對——這正是9數的效果：既引人注意，又傳達某種訊息。最好還能引人深思、覺得受到尊重，或者至少要能惹人發笑。9數服裝絕對不可以無聊沈悶、保守老氣，卻要有明確的自我，甚至有時能達到讓人震驚的效果。所以9數服裝可以引領時尚。

聆聽這些音樂：能讓人放鬆、冥思，或反省人生意義的歌曲。

能引人發笑的歌、飲酒歌、有人道精神的歌曲、宗教音樂、新世紀音樂，都有9數作用。這類歌曲裡面有的變成了流行歌，例如古巴鄉土民歌〈關達拉美拉〉（Guantanamera）和麥可‧傑克森等人共同創作、演唱的〈四海一家〉（We are the world）。9數音樂具有治療作用，但是是關於精神或靈魂的治療，不同於6數音樂治療的是身體和情緒。

6

解讀命盤與幸運數字

黃金三角的三個數字，可以讓我們知道全部的生辰數字裡面是哪個數字對我們的影響最大。然而，還有許多其他的數字也同時在影響我們，例如電話號碼、住址號碼、執照號碼、身分證字號、密碼、護照號碼等等。這些數字又是如何影響我們呢？這時就要把這些數字全部拿來，畫一張所謂的「大數圖」(master chart)。

這是非常有用的方法，能讓我們知道是不是有看不見的數字影響力一直攔阻著我們，讓我們始終無法成功；一旦知道了，我們就能採取動作，解除掉它們所造成的窒礙與衝突。大數圖也能清楚顯示該在生活裡加入哪些數字的力量，運用它們來讓愛情和事業等更順利。

此外，大數圖還能讓我們準確知道哪些數字和我們的關係最密切，是哪些數字最吸引我們。通常，這些數字會是黃金三數裡面的那一、兩個數字，但在有些人的情況會是其他的數字。這些特殊的數字就會是我們的幸運數字，它們會在生活中以巧合的方式出現，例如住進飯店所得到的房間號碼、飛機上的座位號碼、訂位的號碼等等的巧合。這些湊巧出現的數字所隱含的意義，在我《直覺力》書中有詳細闡述。

製作大數圖

製作大數圖的方式：

一、先畫出生辰數字命盤。假如還有別的生辰（例如農曆生日），也把它畫進去。

二、再放入住址號碼或房號，也就是房子或房間正門所標示的數字。

三、加進電話號碼，以及這個電話號碼的所有數字相加之後的一個個位數字。例如，電話號碼是0936-999-999，把此號碼的所有數字一一放入大數圖。然後0＋9＋3＋6＋9＋9＋9＋9＋9＋9＝72，而7＋2＝9，就再把9納入大數圖。

四、依步驟三的方式，加進身分證字號、護照號碼，或其他覺得很重要的數字。

把所有數字放入大數圖之後，觀察一下，在這黃金三數之外，有哪些數字增加了許多圈圈。如果是某個黃金數字的圈數暴增，表示此數字對我們的影響比其他數字強烈得多。而如果是黃金數字以外的數字增加較多圈數，就意味著那個電話號碼或生活中的其他號碼對我們的影響很大。

想要了解這些新增的影響力，可查閱〈相容、衝突與解決之道〉，看看這幾個新增的重要數字和我們的黃金三數是因為關係相容而帶來了幫助，還是因為衝突而帶來矛盾。若確定是帶來衝突，那麼不妨考慮換個電話號碼，或是搬家更改住址。

假如打算換電話，在選擇新的號碼時可以從本書〈相容、衝突與解決之道〉的說明得到幫助，但這方面牽涉的考慮相當複雜，要經過深入鑽研、準確掌握了數字的衝突或相容關係之後才做得到。

用繪製大數圖的方式，非常適合為公司行號與事業體排出數字命盤。可以用公司註冊登記的日期、地址、電話等等數字，為企業行號把脈。不妨運用數字的力量來改進企業擴展與投資策略，設計更好的行銷企劃，提升形象，了解企業特質與弱點，並發現是哪些因素阻撓了它增加利潤。

某些數字沒有圈的時候……

在解讀大數圖之前，要先看大數圖上的數字圈圈分布，檢視某些已經出現的傾向；尤其是當圖裡的某些數字很多很多圈，而有些數字幾乎沒有任何圈圈的時候。

首先，當某些數字沒有圈的時候：

1 沒有圈，表示缺乏進取心，沒有追求成就的衝勁，對於獨立的需求程度不高。

2 沒有圈，表示不善於處理人際關係，往往態度極端，不是太過冷淡就是過度熱情。

3 沒有圈，表示不太知道自己在創意方面有哪些天分，需要培養溝通技巧。

4 沒有圈，表示容易受到別人影響，而且往往會因而改變太多。

5 沒有圈，表示不懂得包裝及行銷自己的特長。

6 沒有圈，表示不善於將心比心，而且不太樂意承擔責任。

7 沒有圈，表示心胸非常開放，太容易相信，常不能在應該有疑問的時候提出質疑。

8 沒有圈，表示不想自己開公司當老闆，對於開發新點子或新計畫沒有強烈的企圖心。

9 沒有圈，表示不覺得幫助別人是自己的本分，性格上顯得較為自私。

某些數字出現較多圈數的時候……

命盤中出現較多圈數的數字，表示以下這些特質：

1 數的圈數越多，表示越想成功，越急於在人生裡得到發展。

2 數的圈數越多，表示越會要求得到超出應得的好處。

3 數的圈數越多，表示越會展現出理想性格，對理想的堅持度也越高；但也越有創意才華。

4 數的圈數越多，表示的穩定性就越高，越是會要求事情處理得沒有任何風險。

5 數的圈數越多，表示越希望人生中能有不斷的變化和自由。

6 數的圈數越多，表示越希望多多照顧他人，越是會扛下過多的責任。

7 數的圈數越多，表示越需要發問，並且會質疑周圍所發生的一切。

8 數的圈數越多，表示越需要知道自己所從事的工作究竟有多少發展潛力，若沒有潛力就會做不下去，但同時內心也會越迫切想得到成功。

9 數的圈數越多，表示想要照顧與服務人群的心意就越強烈，內心也就蓄積了想要施展才華的強大動力。

大數圖範例解說

範例：搬家之後一切都不順利的張先生

有位張先生想知道，為何他的運氣在搬家後似乎改變了，而且就在搬家之後前一直希望達成的心願，例如去度個假，也一拖再拖，遙遙無期；在工作方面的推展不順，進度緩慢，而且更趨複雜。他越來越常一個人獨處，並常因太過疲累而足不出戶，但他以前不會這樣。

我們就用數字學的說法來看看他遇到了哪些阻礙：

生日：一九六四年七月五日。天賦靈數32／命數5

住址：松樹街15號14樓7室。18／9

電話：3791475。各數字加起來的總和30／3

張先生的生辰命盤與大數圖見下頁圖。

從張先生這張基礎命盤裡，用「黃金三角法」挑選出他的三個黃金數字，分別是5，4（這是星座數字，因為他的出生日也是5，與命數相同），3。

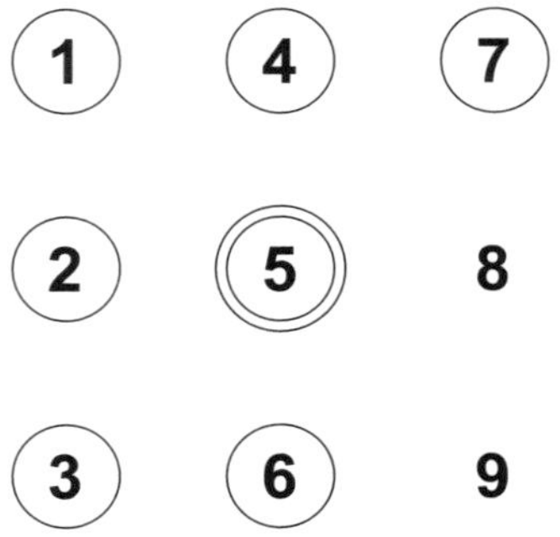

張先生的生辰命盤

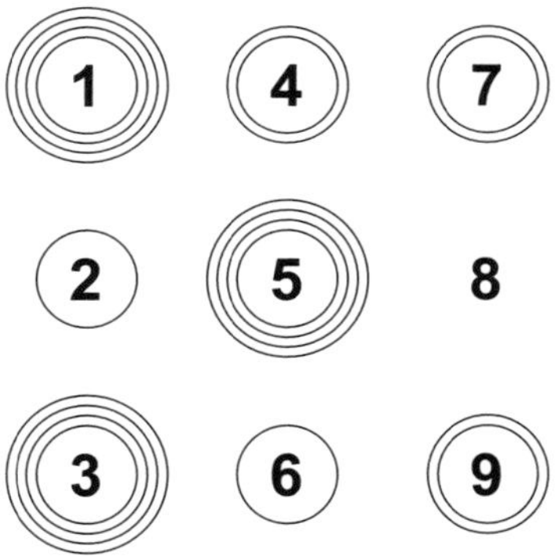

張先生的大數圖

對照張先生的生辰命盤與大數圖來看，發現3－5－7與3－6－9的連線都增強了，這表示7數與9數對於張先生的影響增加了。7數連線帶來了延宕、複雜，以及不易做決定；但同時注入了7數在意細節的特質和有機會遇到貴人的好運道。至於9數的影響則是增強了他想要享樂的念頭，並強化了1－5－9事業線的張力，使得他追求事業及期望休假的想望更濃烈。

原本他清楚知道自己的嚮往，也朝著目標逐步前進，但是受到搬家與換電話號碼的影響，造成他開始質疑自己這些目標，以致於在上進心加強的同時卻也出現猶豫不決、懶散與停滯。這情節好比一個已經覺得口渴的人偏偏走進了沙漠。

張先生該不該改變電話號碼，或者再搬家呢？

未必需要。

他可以先試著在生活裡引進5數的力量，採用可以帶來5數影響的飲食、服裝打扮和色彩，或甚至聆聽的音樂。5數的影響力，在於它可以像輪子的中央軸心一樣帶動事物快速發展。

而張先生也應該增加1數的作用力，借用1數的力量來降低圖上所顯現的內在衝突，而為他帶來更多耐心、動能與更務實的思考，並且更有決斷力。

或者，張先生也可以用無為而治的態度來面對問題，暫時不改變這些因為搬家變動所帶來的新作用力，不如順勢運用它們。他可在這段看似停滯的時間裡，重新審視自己真正的人生夢想是什麼，畢竟度假只能得到一時的紓解。說不定這會是個進修充電的好時機，使得他過一段時間以後能得到一份擁有較多自由的工作，那將更適合他原有的強烈5數力量。

張先生搬家後的生活裡出現了7數的影響力，這新的作用力裡面也許隱藏著祝福。我們處在人生逆境的時候，不表示事情真的很糟糕，卻可能是一次再學習與重新思考評估的契機，也是成長成熟必經之路。我們只不過是正在經歷一段必經的蛻變過程，「不經一番寒澈骨，怎得梅花撲鼻香」。

運用大數圖，可以讓我們了解到底哪些新產生的力量正在影響著我們，可以讓我們做出更周詳的規劃。在搬家或更換電話號碼之前，不妨先參考大數圖，看看新的變數可能會造成哪些影響，謀定而後動。另一方面，大數圖也讓我們在萬一遇到狀況的時候，看見機會，稍加緩解成長過程所必然伴隨而來的痛苦。

7

人生的周期循環

許多人想藉由數字學和生命密碼預測未來——但沒有人能準確預知未來。「未來」並不是預先以白紙黑字寫好，完全不會改變的；「未來」是各種能量相互作用所形成的結果，這些能量小一點的例如我們每天所做的生活決定，大一點的則像是人力不可抗拒的各種強大自然外力，例如地震等天災，這一切因素的共同運作和交互影響，造就了我們所謂的真實生活。

既然如此，未來就完全不可預知了嗎？從某些角度來說，我們仍然可以預見哪些趨勢與挑戰將會迎面而來，因此能掌握最佳時機做出決定。但誰也不敢斷言一定是百分之百正確。因此，我們在運用任何一種算命系統來預知未來的時候，不要問「未來會發生哪些事」，而要問「我們將會面對怎樣的機會與挑戰」。假如用這種態度把生命密碼當作一種人生的導航工具，它所得到的預測就奇準無比，而且非常有用。

生命密碼的循環周期預測是非常實用的行事指南，尤其可以用來幫助我們決定要不要搬家、換工作、投資、是不是該與現任情人分手有個了斷，還是兩人可以結婚了，甚至挑選樂透彩券。在做出改變之前，不妨先查看流年循環周期，看看時機究竟是已經成熟，還是需要再觀望一段時間。也可以算一算看即將到來的幾個月或幾年可能發生哪些事。

生命密碼告訴我們，發生在生活裡的種種事件並不是隨機發生的巧合，而是有脈絡可循的循環周期。畢達哥拉斯曾說：「人類盲從於命運，卻不識命運裡原來有循環周期。」

運用生命密碼的時候，同一時間至少有四種以上的循環周期在發生作用，其中最簡單也最有用的方法就是觀察流年、流月、流日的循環周期。

流年循環的計算

步驟一　把生辰裡的月份與日期的數字加起來。

例A陳先生：一九七二年二月十五日

2＋1＋5＝8（生日的月份和日期加起來得到的數字）

例B王小姐：一九七五年七月十七日

7＋1＋7＝15

1＋5＝6（生日的月份和日期加起來得到的數字）

然後，把前一次生日的年份數字相加，得出一個個位數字。

以例A來說，陳先生正處於二〇二二年八月，所以他的最近一次生日是在二〇二二年二月：

2＋0＋2＋2＝6（年份加出的數字）

在例B裡，假設現在是一九九八年六月，則這位王小姐的前一次生日是在一九九七年七月：

1＋9＋9＋7＝26

2＋6＝8（年份加出的數字）

步驟二　把年份所得出的數字，與生日的月份和日期加出的數字，再相加一次。

例A：8＋6＝14

1＋4＝5（現在所處的流年循環周期）

因此例A陳先生現正處於流年循環5。

例B：6＋8＝14

1＋4＝5（現在所處的流年循環周期）

因此例A王小姐正處於流年循環5。

註：一個流年循環指的是兩次生日之間的一整年。

流月循環的計算

計算出流年循環後，把流年數字加入目前所處的月份，所得數字就是流月循環。

以前面所用的兩例來說：

例A陳先生正處於流年循環5，而正處於八月，

5＋8＝13

1＋3＝4

因此陳先生現正處於流月循環4。

例B王小姐處於流年循環5，加上她正處於八月，

5＋8＝13

1＋3＝4

因此王小姐正處於流月循環4。

註：一個流月循環指的是從所處月份開始計算，一直到該月底的整個月。

流日循環的計算

把流月數字加入目前所處的日期，即為流日。假設今天是八月十二日，

例A就是取流月循環的4數，加上今天的十二日，

4＋1＋2＝7

因此例A陳先生正處於流日循環7。

例B的流月數字是4，加上今天的十二日，

4＋1＋2＝7

因此例B王小姐正處於流日循環7。

最精準的算法

說明到此，要提醒兩個重點。

首先，我們在前面計算流年、流月、流日的時候，並沒有考慮到某些事項。讀者是否有注意到，我們在計算流年時是從「生日」開始計算，把直到下一次生日之間的這一整年稱為一個流年循環；但在算流月的時候是依照月份本身的起始結束，也就是以所處的那整個月當作一個流月循環，而不是用生日的日數。因此，計算流月有個更準確的方法，就是以生日那一天開始計算30天，這算成流月循環1；然後再過30天左右是流月循環2，依此類推，算得流月3、4等等。這是真正的流月。以同法可算出真正的流日。

假如想要精準了解流日的影響，最準確的方法是先用簡易循環周期計算法算出來，再用真正的流年、流月、流日計算方式，然後對照兩者之間互動所產生的作用。

此外是關於曆法的問題。以台灣來說，除了採用西元制的西曆（國曆）之外，還有一套民國年份的計算方式，所以，就要同時採用地區性的年曆（台灣的中華民國曆）及國際共用的曆法（上述範本所使用的西曆）。用兩種方式分別計算出流年循環以後，比較一下其中所隱含的相容與衝突。假如兩個流年數字是相容的，那麼流年循環數字所描繪的事件

十八年記憶重返

每一個人都可以正確預測未來，無須學習任何的算命方法。只要記憶力還不壞，拿出紙筆就能做到。

首先，在紙上寫下今年裡已經發生的重大事件；接著再寫去年的事；然後寫下前年、大前年的事，由此往前推記，一直寫到十八年前的事。寫下哪年搬家、認識新朋友、換工作、自己或家人生病、從學校畢業、出了車禍、遇到重大挫敗、獲得某項成績，總之一切對自己而言意義重大的事件。

把這些大事都寫下來之後，可以根據這些資料來預測未來的人生。

根據天文學，月亮每十八年會出現在天空中的同一個位置。地球所承受的一切天文力量之中，月亮的作用力最大，包括了影響到潮汐和女性的生理週期等等。事實上，藉由回顧每年所發生的重大事件，我們可以窺見月亮在每一年裡對我們造成的影響。因此，往前推估，事件會以同樣模式重複出現。目前的生活，正重複著十八年前的情況。

仔細逐一檢視十八年來每年發生的事件，就可以知道明年、後年等十八年裡所可能發生的事情。

與狀況就極有可能發生；若兩法算出的流年循環彼此衝突的話，那麼流年循環數字所代表的影響就不會完全發揮作用。

覺得這樣太複雜難懂嗎？不必擔心，簡單一點的方式是只要用國曆生日來計算就可以了。不管有多少種循環周期在生活裡交互影響，西曆的計算法是主要的影響力量，因此它所提供的訊息應該已經很充分了。

祕密循環周期

上述的計算方式裡只有9個循環周期，所以很許多人恐怕會問，人生一輩子就只有這樣9個周期的循環重複嗎？不是的。首先，每一個人對於同一個流年的體會各有不同，比方說，處於流年循環1的時候，3數人的感受絕對不同於4數人，3數人會覺得處處受限，4數人卻會覺得不斷有新的機會向他招手。

如果要仔細討論每一個數字在每一個流年、流月及流日之下的不同感受，那可能又得寫另外一本書了，所以在此只略做說明。有一個快速又有效的方法有助於我們了解每一個流年循環對個人造成的影響，那就是只需要把我們的本命數字與目前所處的流年數字相加，得出的個位數字就能反映出我們在這一年裡的實際感受。

這種影響可稱為「祕密循環周期」，因為在計算一般循環周期的時候是看不出來的。例如，假設命數是3，處在流年循環6裡，這時就把3與6相加得9。流年循環6，會帶來6數本身固有的挑戰，例如必須承擔許多責任和解決感情問題，然而對於命數3的人來說，感受彷彿是處在循環9的氣氛裡，而不是循環6。在這段期間，身邊某些事情可能會結束，也許會白忙一場，以及出現其他屬於9數的現象與特質。

想算出祕密流月，只要把流月數字與命數相加即可。以一個命數3的人來看，他身處流月循環4的時候，他的祕密流月（3＋4＝7）就會感覺有如置身流月循環7。至於計算祕密流日也是依此類推，把本命數字再加上流日數字即可。例如命數3的人，如果處於流日7的話，他的祕密流日是1，他就會感受到好像循環1的影響。

流年透露的是我們在這一年裡可能會遇到哪些事，而祕密循環周期則是這些預先提出的訊息在我們身上所產生的意義，說出了我們在這個循環周期裡會有哪些體會，也可說是個人對這個循環周期所產生的感覺。

祕密循環周期所提供的訊息非常值得重視，因為它能讓我們明白，為什麼我們與別人處在同一個循環周期裡，卻產生截然不同的感受。祕密循環周期也會提示我們，採取怎樣的策略最能趨吉避凶。

得知了祕密循環周期所提出的訊息之後，最好的處理方式是充分發揮我們所處的這個循環的優勢，同時審慎面對它的缺點。

再以一個命數3的人來說，他處於流年循環6，而祕密流年是9；這代表的意義是，此人在這個階段裡不必期待任何利潤，只能努力工作，以無私的心面對眼前的一切問題。他也不宜做出任何具有開創性的動作，因為這是一個重新調整的階段，而非穩定期，現在只需要解決問題，而不會得到快速的回報。也許日後會得到一些好處，但需要付出加倍的努力和長久的時間才能看到結果。

計算出祕密循環周期後，請參閱本章稍後的「循環周期的意義」，比對一下所處的兩種流年循環所提出的訊息有何差異。

挑選彩券的數字

挑選樂透彩券並不難，難的是中獎！如果能教如何選出會中獎的號碼，我何不乾脆自己去買！事實上，沒有任何方式能打包票說一定能選到會中獎的號碼，因為這件事牽涉的變數實在太多。

彩券號碼能否中獎受到多種能量共同作用的影響，就像一個人的人生、一家公司、一座城市和一個國家的遭遇也是受到各種能量作用一樣。因此，想要窮盡我們所學的一切知識來預測中獎號碼，不僅變數多端，而且根本是做不到的事。我們常會發現，中獎號碼會與新聞事件、災難發生的時間等等有關。根據觀察，能夠經常中獎的人都是那些專業投資者，他們一次買下幾百幾千張經過精挑細選的號碼，號碼裡面涵蓋各種的組合可能性，而且從來不買已經出現過的號碼。

我們所能掌握的最有利方式，就是分析出屬於個人的最幸運號碼與最佳購買時機，剩下的事只能交給上天。我們已盡人事，做了能做的事。

首先，必須知道自己的幸運數字是哪些。在製作自己的大數圖時，我們馬上發現有些數字和我們特別有緣，那些通常是生日、命數等等，但如果它們也不斷出現在電話、住址、車牌號碼、學號、身分證字號上面，那更能肯定它們就是我們的幸運號碼。

在選擇樂透彩券的時候有好幾種選取方式。例如，如果幸運數字是4、7、9，可以選取它們的不同形式的組合。因為每個數字都能有幾種變化，像4數也可從13、22、31等組合而來；至於7數也能組合成16、25、34等形式；9數則可有18、27、36等變化。

假如想要中樂透，就表示我們必須在正確的時機，簽下正確的數字組合，而且必須買下相當可觀的彩券以涵蓋我們所有幸運數字的可能組合。每一次都要買很多彩券表示要花很多錢，所以假如知道什麼時候是買獎券的最佳時機，至少可以省下一點錢。

買彩券的最佳時機

什麼時候是買獎券的最佳時機？就運用直覺吧，這是最準確的方法。

運用直覺有好幾種方式，如果知道自己的幸運號碼，而且發現它們最近經常出現於新聞媒體及公共場合，這就是用這些幸運數字的不同組合作為號碼去買彩券的好時機。

更好的方法是定期買彩券，用自己的幸運數字，包括流月與流日的循環周期數字，組成多種可能性，每一次都嘗試不同的可能性。如果每個星期都這樣做，我們的直覺就會自然而然形成一套可以找出中獎號碼的機制。遲早就會有靈感，也許是由夢境得知，或是任何我們覺得是巧合的事件。重點是，如果我們想猜到中獎號碼，就必須一直玩，玩到讓樂透成為生活的一部分。

根據數字學的財運來看，每個人一年裡最幸運的投注時機是祕密循環周期的流月循環8；如果能在這個流月裡也找出流日是8的日子，這就會是當月最幸運的時機。基本上，流月8的每一天都是買彩券的好時機，但是要確認開獎日一定要在流日8。

通常每年大概都會有一至兩個這樣的流月，因此如果想以比較省錢的方式玩樂透，最好能等到這些月份，然後再找出幸運日是否剛巧落在開獎日，如果是，中獎機率會更大。例如命數是2，出生於一月一日，處於流年4，祕密流月循環8是在二月與十一月。在這兩個月裡買樂透已經算是處在幸運期，不過想要挑選最幸運的日子就比較複雜。

總之，最簡單的基本原則就是：在流日8與祕密流日8的這些日子裡，用個人的幸運數字下注，最有機會中獎。

循環周期的挑戰

當我們所處的循環周期數正好與我們的命數相同，我們會面對一個和自己命數的人生課題一樣的挑戰。在這個循環周期裡覺得相當順利，因為它會為我們帶來所喜歡的事，但它同時也會檢驗我們是否學會了自己的人生課題。如果學會了，就會知道該怎麼面對；但若仍無長進的話，那就不必期待在這個循環周期能有任何突破了。

很多人在面對循環周期的挑戰時覺得好像是在考試。例如命數1的人在循環周期1時，眼前必將面對屬於1數的人生課題。1數人天生獨立自主，但是在流年循環1的時候，他們會發現很難像以往那樣的獨立，因為他們實際的感受彷彿是處於流年2，2數所帶來的影響是人際關係的課題，別人會來依賴，期待我們付出更多，這種種狀況對1數人來說都不容易處理，除非他們已經從人生課題裡有所成長。

循環周期的意義

以下將綜覽每一個循環周期所可能發生的事件與現象。要記得，流年循環和祕密流年循環的算法不同，現象也會有所不同，可以的話不妨兩種都參考。先把重心放在原本的循環周期，然後再以祕密循環周期均衡一下。例如命數5的人，處於流年7，祕密流年是3。對5數人來說，流年7是開心有趣的年份，雖然最後可能並無太多建樹，但享受了一段愉快的美好時光。等到進入了流年8，應當是財源上門的時候，此時祕密流年走到了4。5數人並不喜歡4數所帶來的諸多限制，因此在流年8正當該積極進取的時候，5數人反而會有抗拒積極作為的傾向。因為他們不喜歡有被環境逼迫的感覺，因此一個有賺錢潛力的流年8可能就無所收穫。如果5數人肯在流年8時積極衝刺，他們很容易就能成功。

循環周期1　凡事正要開始，而且也到了該開始的時候。這是積極主動向目標進攻的好時機。過去的就讓它過去，從新的事情開始著手。在這個循環周期裡比較容易做出決定，因為以往晦暗不明的問題現在都豁然開朗。這也是展臂迎接機會，不必再等待他人協助的時候。這時不要讓別人依賴，不要受到牽制而裹足不前。現在是照顧好自己，自私一些也無妨的時候。處在循環周期1，就順從直覺本能，別再遲疑不決，雖千萬人吾往矣。

循環周期2　從循環周期1的衝鋒陷陣中放慢腳步，查看細節。現在，眼光會比較銳利，能看出過去的矛盾。以往有些事看起來不可能，現在卻好像變得容易了，其實是因為我們採用了新的觀點看待它。在這個循環周期，很適合進行合夥事宜或是改善關係。如果目前沒有對象，可能很快就會有戀情出現。這個循環周期要特別注意別讓自己太倚賴他人。處在這個循環周期裡，人會特別想找個伴侶依靠，而這樣的衝動很可能會讓人找錯對象。與人共同合作固然不錯，但絕對只能靠自己。

循環周期3　事情又要再度往前推進了，但暫時還只維持在表面的進展。這段期間不要抱持過高的期望，但也不必退縮，因為我們將會學到重要的經驗，只要能深思與質疑，不把一切視為理所當然。我們的創意與溝通能力會大幅精進，不妨藉此與自己以往不易相處的人重新溝通，或者把老問題分析一番，很可能就會找出解決方案。這也是與朋友歡聚的好時機。處在這個循環周期，切莫浪費，因為我們得等到下個循環周期才知道什麼叫做花錢。可以前進擴展，但態度要保守，不要過度樂觀期待能得到很多回報。

循環周期4　這是真正了解自己實力基礎的時候。要把握良機，好好經營，鞏固既有的根基。全力付出，加強實力，但先不要有期待收穫的心情。現在不是變動的時候，卻是投資的時候，也是改進作業流程與提升品質的最佳時機。現在的我們很善於找出事情的錯處，並指出出錯的原因，不妨順勢在自己的生活上運用這項能力，多方檢討。處在這個循環周期，必須更保守，多儲蓄，以備下個循環周期的不時之需。切勿冒險，凡事務求「眼見為憑」。

循環周期5

這是段充滿機會與變動的時間。準備好接受毫無預警、突如其來的變動。過去視為理所當然的，現在恐怕完全不是那回事。就隨遇而安吧，把所有的變動視為讓一切更臻完美的轉機。這個循環周期適合旅遊並盡情享受人生，它也是挺身為自己爭取權益的好時機。不如利用這個轉變的運勢，乾脆整頓生活中大大小小的事物，讓生活更美好。處於這個循環周期，很適合轉換職場和搬家。變化後的新事物也許不見得能夠長久，但最後還是對我們有好處。這個循環周期不適合長程的規劃，只要追求短期的好處即可。

循環周期6

凡事將要底定，沈痾就將掃除。以往與我們有過節的人，無論是我們錯怪對方或是對方誤解我們，現在都會出現和解的曙光。大可主動上前道歉。利用這個循環周期，解決健康上的問題。現在的我們比較敏感，也比較容易找出問題的解答。在這個循環周期裡，會知道哪些工作與住處才真正適合自己。如果感情關係並不健康，現在也正是理出頭緒想辦法解決的時候，或者乾脆就此分手。處於這個循環，不宜遠行，不宜有快速而驟然的變動。只需擬定計畫，並嚴格遵守，等待生活中的紊亂不安一一塵埃落定。

循環周期7　事情變得進展遲緩，但是會從中學到很多。所有事情的真相彷彿都在此時跳出來，逼得我們不得不做出決定，但做決定的過程一定不輕鬆。就正面迎戰吧！檢視所有細節，然後做出抉擇。咬緊牙關，鼓足勇氣接受真相，重新展開人生。所有一直以來進行中的計畫都必須在這時期完成。現在不宜啟動新方案，而是通盤檢討過去七年裡所執行的計畫，然後努力完成它們。處在這個循環周期，切忌懶惰，否則在下個循環周期會後悔莫及。這是耕耘的時期，否則日後將無收穫可言。

循環周期8　期待已久的收成時節終於到來。覺得一切都不可能出錯。萬一事情的發展不順利或陷入膠著，不必沮喪，因為會有其他更好的機會等著我們。這個循環周期適合投資和冒險，可以發表新產品，有機會增加獲利。我們會認識許多人，社交應酬也無法避免。好好把握機會，現在不是害羞保守的時刻，卻是積極進取，放膽向前衝的時機。直接說出自己真正的想法與感受，別做悶葫蘆。在這個循環周期結束之前，把所有曾經想嘗試的事都想辦法付諸行動。以前夢想也曾經實現過，現在也一定都能辦到。

循環周期9　這是承接上一循環周期8所擴張形成的事業版圖，然後服務別人的階段。現在絕非開展新事業的好時機，只要延續先前的成功事務即可。這個循環周期會出現許多變動，事情會終結，新的夢想會形成。當結局真的出現的時候，深入思考它們為什麼會結束——我們會發現那是因為它們與自己的人生規劃有所牴觸，不是我們真正想得到的東西。那就放手讓它去吧。在循環周期8所發揮的動能，會為我們帶來一種從務實角度出發的行事方式。順應這種模式，全力照顧他人，享受自己的人生。要放鬆，別太嚴肅，因為處在這段時間的自己很難看清事實真相。這時若有新機會冒出來，不急著投入，最好把計畫稍微延到循環周期1時再啟動。

結語——懂得生命密碼之後

剛剛開始研究數字學的時候，應該會覺得它好玩而且有用，但不太追究生命密碼到底是什麼。一段時間之後，開始發覺某些數字老是出現在生活裡：電話號碼、地址、生日、投宿的旅館房間等。但只是發現到一些不尋常的現象而已，並不問為什麼。直到多次發現、多次注意，漸漸覺得不可思議，然後出現了疑問。開始對於生活中的事件與數字感到好奇，想知道這些數字與循環周期之間的關聯性；很快，問題比答案多。

然後恍然大悟：原來數字學只是一種語言，它解譯了這世界是如何以不可見的方式影響生活。於是覺得好奇，想知道它們是些怎樣的力量。開始思索關於命運這件事：人生有多少時候能由著自己的自由意志支配，又有多少時候是被看不見的力量，也就是所謂的命運在塑造？然後問，那麼我們可不可以影響這些力量，改變命運？然後發現，思考有關前世來生的問題、靈異現象、造物主、世界諸多紛亂，以及人生意義的問題，這些卻都是數字學以外的大哉問。

各位不是第一個有這種過程的人。那位把數字學的古老意義傳下來給我們的畢達哥拉斯，也走過同樣的心路歷程；從他身上，我們可以學習許多。

畢達哥拉斯的學習人生

距今兩千六百年前，在希臘的薩摩斯島上，住著梅撒裘斯（Mnesarchus）和他妻子帕塞妮絲（Parthenis）夫婦。傳說中，有一次梅撒裘斯因為工作的關係前往德爾菲（Delphi）的阿波羅神廟；他在那裡請示了神諭，想知道此行的成敗，所得的答案出乎他的意料。神諭指出，他這一趟會非常成功，諸事如願，他的返鄉之路也會一帆風順；神諭說他妻子現正懷孕，將會生個兒子，而這孩子長大後將會無比英俊又聰明過人，並會為人類帶來重要的貢獻。

可是，梅撒裘斯離開薩摩斯島的時候，他的妻子並無懷孕的徵兆，這是怎麼回事？很多男人遇到這種情況一定會懷疑誰是孩子的父親，但梅撒裘斯沒有。他返抵薩摩斯島後，決定以特別的方式來榮耀他的妻兒。他把妻子改名為畢達絲（Pythais），與德爾菲神廟的先知畢修斯同名。不久，他的兒子出生了，時為西元前五七〇年（距今兩千五百餘年）。他把兒子取名為畢達哥拉斯（Pythagoras），意思是：與德爾菲神廟諸神祇（tou Pythiou）一樣能闡釋真理的人（agoreuein 是希臘文的真理之意）。

有位薩摩斯島詩人，和薩摩斯島上的人一樣相信其實是太陽神阿波羅與帕塞妮絲發生關係，使她懷孕生下了畢達哥拉斯；詩人寫下以下這幾句：

畢達絲，薩摩人裡最美的女子，
因爲太陽神阿波羅的擁抱，
生下了畢達哥拉斯，天神宙斯的朋友。

為了榮耀彰顯神明，梅撒裘斯特別建造了一座阿波羅神廟，獻給德爾菲神廟的先知畢修斯。為了讓兒子畢達哥拉斯得到最好的教育，梅撒裘斯讓他受教於當時希臘最頂尖的老師，而畢達哥拉斯也不負眾望，得到了所有長輩一致推崇，肯定他雖年少卻展現了成熟穩重的風範。大家確信他絕非凡人，誠然是阿波羅神的後裔。

畢達哥拉斯十八歲這年，薩摩斯島在暴君波利克拉特斯（Polycrates）的專制統治之下。畢達哥拉斯無法在那樣的環境下求學，遂決定前往沛瑞賽德、密利特等其他的希臘城邦，追隨當地著名的哲學大師求學。正是在那段離家求學的日子，畢達哥拉斯學會了以料理簡單而易於消化的食物為三餐內容，並戒絕酒類。這使得的思考更敏銳，無需太多睡眠也能精神奕奕，更加專心向學，而且異常健康。這種新的生活方式，加上他原本過人的背景，使他很快就超越了同儕。他的指導老師之一紹爾思，建議他前往埃及留學，追隨祭司曼菲斯及宙斯的門下，以追求成為全世界最有智慧的人。

畢達哥拉斯且遊且學，來到了敘利亞。他學會了阿拉伯文，求教於當地的哲學大師和教士。當他發現了敘利亞人的思想基礎都來自於埃及——這時他決定要前往埃及。彼時，畢達哥拉斯獨居在腓尼基（Phoenicia）的一座神廟裡，幾位埃及水手因為天候不佳而來此避難，於是畢達哥拉斯請求他們讓他搭順風船前往埃及。水手們同意了，但他們心中盤算著一抵達埃及就要把畢達哥拉斯當作奴隸賣掉。

航行途中，畢達哥拉斯躲到船上的角落，不想打擾水手們的工作，並且連續三天三夜紋風不動，沒有用餐且滴水不進。水手們深感詫異，而且一路行來風平浪靜，完全出乎意料。抵達了埃及，水手們改變了原先的盤算，反而把畢達哥拉斯奉為神明；他們把他抬下了船，並為他設了一座供壇，擺滿水果祭祀，然後才揚帆而去。畢達哥拉斯趕緊吃下水果，旋即恢復了元氣。

來到了埃及的畢達哥拉斯，整天待在神廟裡，認識了一群祭司，很快又贏得了他們的欣賞，得以進入他們的神祕學領域。畢達哥拉斯在埃及住了二十二年，研習天文學、幾何學和埃及的哲學。但他在一場戰亂中被俘虜，並被載往巴比倫。他在巴比倫結識了巴比倫的祆教僧侶，他們又傳授了畢達哥拉斯算術、音樂和其他科學。在此駐留十二年之後，畢達哥拉斯在五十六歲生日這年回到了薩摩斯島。

畢達哥拉斯在故鄉展開了教學生涯。他運用埃及傳統使用的符號授課，但發現沒有人對這種學習方式有興趣。最後他想出了一個方法。他找來一位貧窮但有天分的運動員，表示願意提供薪水讓他來學習。運動員一口答應，於是畢達哥拉斯得到了他生平的第一位學生。畢達哥拉斯教他算術、幾何、邏輯、直覺與預言、營養、醫療、音樂等課程；這位年輕人逐漸醉心於這些學問。這時畢達哥拉斯佯稱他沒有錢再供給他，課程必須就此停止。這位弟子答說他已愛上了這些課程，畢達哥拉斯再也不必付錢給他，他反而應該付學費給畢達哥拉斯來感謝他的仁心。

畢達哥拉斯和這位弟子來到了斯巴達、克里特和帝洛斯島等希臘城邦，學習當地律法。然後，他又回到了薩摩斯島，開辦了「畢達哥拉斯半圓學院」；此後，薩摩斯人常在這個學院討論公共事務。畢達哥拉斯也在城郊找到了一處洞穴，在這裡教授哲學與科學，並靜坐冥想。今天，假如到薩摩斯島一遊，還可以實際造訪此洞穴。

很快的，畢達哥拉斯的名聲響遍全希臘，而薩摩斯人也希望他能致力於他們的法治系統並參與政治。但畢達哥拉斯志不在此，他一心只想教學。畢達哥拉斯發現，其他哲學大師似乎都必須徙居國外，他想也許他也應該這樣，況且薩摩斯人並不熱衷教育。於是他決定離開，遷往當時義大利著名的貴族城市克羅托內（Croton）。初抵克羅托內，約有六百人聚集聆聽他的演講。畢達哥拉斯知道來對了地方，便住了下來並創立了一所學院，後來招收了超過兩千名的學生。

這所學院不是一般人所知道的那種學校。首先，這所學校不使用課本。畢達哥拉斯認為，以探索真理為最終目的的哲學是不斷延伸與演進的學門，因此他從來不以文字記載（幾百年後的蘇格拉底也是如此授課）——幸好畢達哥拉斯過世後，有幾個學生確實記錄了一些東西，才使得他的生平和授課內容得以傳世。此外，他的學院不需要繳費入學，而是一個讓人實際「住在裡面」的社區。

想要進入畢達哥拉斯學院就讀，得先申請入學，然後通過種種包括性格、記憶力、習氣、體型、走姿、動作、說話方式、笑容儀態、教育程度等等在內的嚴格測試。獲准入學之後，全部個人財產和金錢都要委由信託保管，成為社區公有物。可以使用別人的東西，別人也可以使用自己的。如果要退出，可以取回原本所擁有的財產金錢，而且還有利息。正因如此，所以有些人說畢達哥拉斯是最早信奉共產主義的人！

畢達哥拉斯學院的訓練非常嚴格。入學的前五年，必須學習控制自己的舌頭並專心傾聽別人說話，自己不可以說話。而且必須遵照著以生鮮蔬果、水煮小米及大麥粥、各種麵包、香料、草本與蜂蜜料理的食物，而飲料只有水。每天只能聆聽畢達哥拉斯等幾位老師的課程，但無法看到他們本人。他們會在一層帷幕後面授課，只能聽課，無法發問——這種設計的概念基礎是，因為看不見老師，所以不致於分心……，免得學習者因為喜歡或討厭老師的外表而影響到學習。另外，要體驗各種清潔與淨化課程，以準備更上一層樓。

歷經了五年的靜默訓練而被稱為「聆聽者」之後，還要接受考核，檢視在前階段的訓練是否已得到了計畫中的改造。如果通過了考驗，學習者可以進階到下一個被稱為「學生或數學人」的層級；如果不合格，他們會退回財物並要求離開，而且不准再回來。在這第

今日大學

畢達哥拉斯學院的教育制度與現行的大學教育體系非常相似，而這絕非巧合。

在今日大學制度裡，四年的學士課程都只是在聽老師講課，並且必須通過大小考試，而這只不過考驗了學生的記憶力和基本知識。取得學士學位以後，可以申請進修碩士學位；但一般碩士班學生只能在指導教授准許的範圍內做研究，而且多半還要協助指導教授做他們的研究，並不是真正在做獨立的研究工作。若想要進一步求知，則必須再進入博士班。到了這個階段，就可以自由鑽研任何自己想要探索的領域；等到博士班畢業時所取得的是哲學博士（Ph. D）的學位──這些都跟畢達哥拉斯的時代一樣。

今天很多大學生住校或是以校園為生活重心，他們所需的花費跟畢達哥拉斯的學生相當。雖然今日大學生不需要交出個人財產，但是很多人的助學貸款要到畢業後好多年才能償清，這比畢達哥拉斯的時代還糟。

今日學子讀大學也是為了前途著想。我們的大學系統作育了傑出的科學家或藝術家，啟發了一代代莘莘學子的思想；一如當年畢達哥拉斯學院培育出許多優秀的政治人物、哲學家、醫生、科學家。

二個層級的課程，學習者可以說話，可以與畢達哥拉斯及老師們面對面，但仍不能發問。

假如通過了第二階段的訓練，就再進到最高層級。可以自由發問，也可以發表個人的見解與新發現——不過，為了表示尊敬畢達哥拉斯，學習者所發表的這些研究成果將會歸功於他。

畢達哥拉斯留給後世的影響

畢達哥拉斯的學生一代接一代把他的教誨往下傳承，終而影響到了柏拉圖。柏拉圖是畢達哥拉斯的第九代學生。柏拉圖的思想與作為極類似畢達哥拉斯。柏拉圖及其弟子（柏拉圖有位大名鼎鼎的學生，亞里斯多德）的努力，奠定了今日科學、藝術與文化的重要基礎。

從畢達哥拉斯的時代到現在，一切似乎並無多大改變，只除了一件事：教育背後的哲學意涵。

畢達哥拉斯認為，哲學、靈學、直覺預知、科學、醫療與藝術等學問之間的關係緊密，不可分割；但今天的我們把這些科目分開，讓它們各自獨立。畢達哥拉斯學派認為，萬事萬物息息相關，人會因為自己的心理或生理狀態、飲食方式、外在變化、動物、氣候、星辰而受到影響，而也會反過來影響到大自然裡的一切，所以說萬事萬物都是一個大整體裡面的一部分。他們認為世上沒有所謂的意外或巧合，每一件事都是由於某些力量的交互運作而發生。最有意思的是就連科學知識也都結合了超自然能力與直覺；直覺是一種工具，能讓我們認知到是哪些看不見的力量在發生作用，以及我們是如何受到直覺的影響。

畢達哥拉斯相信，為了開創美好人生並為全人類建立美好世界，所有教育方式最重要的第一步都應該是「認識自己」。在這個「認識自己」的人生功課裡面，也包括了發展與培養直覺，而直覺最終將會導引我們領悟我們的天命：我們生下來是為了完成哪些使命，我們一路走來受到了哪些無形力量的幫助或阻礙。因此，在學習科學、數學、幾何學、音樂等學問的時候，不僅要學習它們的基本概念，更要從這些學問裡面有所領受，看它們為我們帶來什麼作用；也就是要認識到這些學問是如何與我們的命運發生關連，而影響我們的人生。我們同時學習著認識生活的物質面與精神層面。

這種想法也適用於學習其他的能量形式。例如，我們知道音樂是由特定的震動而形成的，它對人的影響和數字一樣強大。就某種角度來說，音樂是另一種體驗數字能量的方式，這也是為什麼有些旋律聽來惹人哀傷，有些則聞之令人雀躍，各種音樂形式分別表達了人類情感的不同層面。對畢達哥拉斯來說，顏色、字母、文字、巧合等都具有精神意涵，會對生活造成影響。因此數字就成為了一種語言，可用來描述各種有形或無形的方式是如何影響生活。

這樣的訓練不僅使我們透過科學來了解自然，也讓我們明白自己是如何反過來也影響了自然，而我們的健康、快樂甚至命運是如何在其中扮演一定的角色。這樣的學習與訓練，讓我們了解環境中各種事物在無形中形成的作用，使我們開始相信我們的直覺對自己所發出的訊息。這個過程是發展直覺的必經之路。認識了數字所含有的靈性意涵之後，我們便可以試著與直覺產生共鳴，而經由聆聽直覺，我們終於可以了解自己，敢做自己，真正開始愛自己。

失傳的思維

畢達哥拉斯期望他的學生都能成為身心和諧的健全個體，並能了解個體小我與宇宙大我的關聯，而他們所研習的藝術、科學、醫藥、營養、直覺預知等所有學科都是其中的一個環節，都是為了獲得完整教育所必修的學門。

這種研究學問思維於今已經多數失傳。現代的科學思維教導的是如何拆解，而且各自保持與其他學問的分離狀態。我們現在進大學所學的是如何專精於某個項目，懂得很多小細目，卻幾乎不認識人類生存的整體面貌，不知道個人與宇宙的聯結關係。

現代這種思考方式極其危險。假如我們不知道再微小的改變也能對人類的整體生存環境造成重大衝擊，我們很容易就會失去平衡，招致毀滅……，而這正是地球目前的處境。

今天會出現這樣的危機，根本原因之一是，隨著畢達哥拉斯的過世以及他的理念逐漸散逸，使得科學在往前進展的時候把哲學拋在一旁，也不與倫理學建立關連，更不顧及靈性與直覺的層面。隨著科學在世間建立起漸高的地位與威力，卻沒有相應的道德倫理思考，也沒有展現出能夠以人類最大福祉、與生存環境和諧共存為優先考慮的智慧。這情況好比一輛汽車加速前進，但裡面沒有人駕駛——這車遲早會出事。只從功利的角度考量問題，拚命走捷徑便宜行事，總有一天我們會付出慘痛的代價，而其實我們今日已經在忍受環境污染、人口過剩、新興疾病、氣候改變等等各種人禍了。

未來，科學與技術的威力會更見強大。當我們擁有了更強大的工具，我們萬一犯了錯所造成的後果就會更危險，這就好像讓小孩玩一把上膛的槍枝。隨著科技推進，我們更需要擁有能從全盤考量出發的智慧，必須把宇宙的精神層面拉高到與物質的科學面一樣重要的地位——我們與宇宙精神面的關係真的是非常緊密，而它也和我們牢不可分。這才是畢達哥拉斯的教育中最關注的重點，唯有這樣的信念才能明智運用科技來創造美好世界。

真正的快樂與健康

「存在於今日的問題，不可能用當初導致它們出現的那等思維來解決。」

——愛因斯坦

為了獲得那種以整體考量為思考角度的思維和科學，我們應先由個人做起。首先，我們必須從心理層面了解自己，知道自己的天分何在並充分加以發展。這是建立自信的關鍵步驟，缺少了它，就不必奢談個人成長與發展。

其次，我們必須訓練直覺技巧，把它與實際的邏輯思考結合起來。直覺乃是一座資訊的寶藏，涵藏了攸關生活所有層面和環境中各種能量的訊息。這塊尚未開發的礦藏，可用來均衡我們的邏輯理智面。諸如夢境和巧合等等的出現，並非毫無意義的意外事件，卻是我們的潛意識心靈向我們提示的訊息。藉由培養與開發直覺，我們可以深入了解自己的一切，例如：

- 身體真正適合吃哪些食物、過敏原為何、缺乏哪些營養素、食物裡含有什麼毒素。
- 監測呼吸的空氣及飲用水的品質。
- 需要多少睡眠，怎樣的作息方式最適合自己，如何改善睡眠品質。
- 需要多少程度的性生活才能保持荷爾蒙平衡與免疫系統的強健。
- 需要多少運動量、哪一種運動比較適合自己。
- 確知自己的天賦所長。
- 知道哪些情緒阻礙了自己正向思考，甚至造成生理或心理疾病，學習釋放負面情緒。
- 確知是哪些不可見的能量在影響日常生活，所涵蓋的細節不勝枚舉。

直覺是第六感，在五種感官之外幫助我們了解自己並趨吉避凶。直覺也是想要了解生命的靈性本質時的必備條件。

一旦達成了上述目標，我們將能見到一種新的科學態度，發展出真正能夠決今日問題並能考慮到不為未來留下禍根的智慧科技。如果有人還是認為直覺並不重要，請別急著推翻我的話。史上最重要的兩大科學進展，完全來自於直覺。愛因斯坦在睡夢中發現相對論；華生博士 (Jmaes D. Watson) 夢見他在一個ＤＮＡ上面滑雪，然後突然靈光一閃，看見一個被疏忽的關鍵要素，由此發展出他的ＤＮＡ學說。

這一本關於數字學的書是一個起點，幫助我們了解自己，並明白環境如何影響我們；懂得越多，我們就越能掌握發生在生活裡的事物。

我剛開始接觸數字學這門學問時，想把我的醫學背景融合進來，用它們來自我療癒，而不是為了算命。然而不久我就發現，數字學是一扇門，通往一個凡事都交互影響的新世界——就像電影《駭客任務 2》的第一個鏡頭，是由電腦軟體交織線條畫出的物件與其他東西形成關連；然後鏡頭放大，我們看到了由一串串數字組成的許多線條——我們所處的真實世界也正是如此，萬事萬物都相互作用，彼此影響。

數字學是一種幫助我們解讀週遭資訊的語言，但最後我們會發現，需要了解更多。

首先，我們要了解自己的身體狀況。有關身心聯結的最新科學研究顯示，人的每一個起心動念都會改變身體的化學作用，進而影響到免疫力。我們所吃的食物會影響我們的心理與思考；我們的心情及態度會影響我們的姿勢；而姿勢的改變又能影響我們的態度。

現代醫學已理解到健康與醫療之間的關係極為複雜，所有因素彼此連結影響。然而事情其實又非常簡單：人在快樂的時候，腦子會分泌具有療效的化學物質，免疫力自然提升，健康增強。面對今日各種新興疾病、環境污染等等諸多負面因素，知道了維持快樂居然有這麼重大的作用，確實是一項福音。突然間，認識自己、發展天賦就有了舉足輕重的全新面貌，它與生存有關。

我的前一本書《來自身體的聲音》提供了許多強化免疫系統的方法，也教授了一點與烹飪、伸展、大笑、音樂治療、呼吸等有關的課題；再加上現在這本書，各位已經讀到不少教導增進健康與生活品質的方法。但這還不夠，還需要直覺。第六感比靈感更廣，是我們與世界的無形聯結。

許多人會問，如果這方面知識是如此有用而準確，那麼畢達哥拉斯、他的學院及弟子們的結局又如何呢？答案非常重要。

最後……

畢達哥拉斯創辦了學院之後，在義大利及希臘非常具有影響力，但也遇到了兩個難題。首先，他的學生都須經過嚴格挑選，許多人沒通過考驗，只要畢達哥拉斯說「不收」，這些人就永遠沒有入學機會，也就激怒了很多無緣入學的人。

第二個難題來自於他的門生組成了一個類似共濟會的組織，這是一種擁有特權的小團體，規定成員之間無論彼此是否相識，皆須以知交相待。他們會在事業和生活中互相提供特權，並排擠外人。這使得組織外的人覺得畢達哥拉斯的門生不公正、反民主、勢利眼、高傲。

有兩位曾被拒絕入學的人，塞隆（Cylon）與尼諾便指控畢達哥拉斯學派是一種反民主的陰謀組織，他的門生以知交相待卻仇視外人，自以為高人一等。克羅托內市的市民也頗有同感，因此大批的人潮起而攻擊學校，最後燒毀了學校，並殺害了三十八名學生。

畢達哥拉斯在這場事件中是生是死？有幾種不同版本的說法。有人說，畢達哥拉斯和幾位弟子在大火當天就被燒死；也有人說，畢達哥拉斯和兩位最頂尖的弟子一起逃回了希臘，後來終老於斯。較多人採信後者的說法，因為後來他這兩位弟子也真的創辦了他們自己的學校，而把畢達哥拉斯的教育一脈相承傳給蘇格拉底與柏拉圖。這派說法指出，畢達哥拉斯和這兩位弟子之所以能夠逃離，完全是因為其他弟子們捨身撲火，一起以肉身築出高牆闢出了一條道路，讓他們得以脫身。畢達哥拉斯門徒的堅定信念與過人的自制力堪稱傳奇，確實為信念所產生的威力留下了動人的見證。

就這樣，畢達哥拉斯的志業結束，他的門生只能私下把畢達哥拉斯學派的理念持續在義大利及希臘傳遞下去；也影響了世世代代難以數計的思想家與科學家。

畢達哥拉斯犯了一個錯誤。畢達哥拉斯遵循埃及人的傳統，把知識限定於特定的族群才能取得，在人群中製造了歧視與分化，而這不是希臘的教育方式。希臘人認為人人平等，人人有權發展自己並追求快樂。畢達哥拉斯試圖控制知識，怎料它會反撲，毀滅了他。

遺憾的是，自那之後多少年來，知識始終受到控制。此所以常見到祕密會社與私人團體以私塾方式取得知識。直到近年來，資訊開放，甚至迎來所謂「資訊大爆炸」的時代。如果畢達哥拉斯當初就對一般人開放知識的大門，結果可能完全改觀。

現在正是歷史的一刻，只要我們把握機會，擷取眼前唾手可得的知識，我們就能改變未來。

國家圖書館出版品預行編目 (CIP) 資料

啟動天賦靈數—藍寧仕醫師的生命密碼全書 I
Find youself through numbers
藍寧仕 (Dimitrios Lenis) 著
二版 -- 臺北市：大塊文化出版股份有限公司
2022.08　面；公分 -- (KK；2)
ISBN：978-626-7118-67-2(平裝)
1.CST：占卜 2.CST：數字
292.9　111009486